嶋本 操 著

子どもの「心」をつくる育て方

フリープレス刊

読者のみなさまへ

西南学院大学准教授
日本ＴＡ協会元会長
小川邦治

嶋本さんとの出会いは、私が国際ＴＡ協会の資格を得て次のステップであるトレイナーとしてのトレーニングを始めようと思った時にさかのぼります。エジンバラで開催されるトレイナー向けワークショップに参加するために私は通訳の方を必要としていて、嶋本さんに快諾していただいたのでした。それ以来、折に触れてあたたかい励ましのお手紙やメールをいただいてきました。そして今回、このような機会をいただきましたことに感謝を申し上げます。

本書は日本人のための日本の言葉で書かれたＴＡの本です。人が内省を通して気づきを得て、自分と出会い、新しい自分を創っていくプロセスがＴＡの言葉を使いながら丁寧に描写されています。これは嶋本さんの人間を見つめるまなざしそのものでもあると思いますし、ＴＡを用いることで「何が大切か」を真摯に見つめる経験をして、豊かな人生を送ってほしいという嶋本さんの願いが伝わってきます。

ＴＡの用語は、最初はわかりやすいけれど、真に理解し自分のものにするためには相応の訓練を要するものが多いです。本書が取り上げている「自我状態」はまさにその代表格と言っても良い考え方ですが、嶋本さんはそのエッセンスを的確にとらえ、時には自身の経験も含めながら紐解いてくれています。嶋本さんの選ぶ言葉はその一つ一つに優しさと品性に満ちていますので、理論だけではわからない自我状態の考え方がすっと腑に落ちてくるのだと思います。

本書はまた、いろいろなところで人生の厳しい側面を扱っています。それでもしっかりと受け止めながら読み進めることができるのは、嶋本さんが「人は誰でもＯＫである」というＴＡの基本的価値の上に立って語りかけていらっしゃるからでしょう。

少しだけ解説をしたいと思います。本書後半に紹介されているレヴィンの発達のサイクル理論は、Ｅ・Ｈ・エリクソンの唱えた心理社会的発達理論の影響を強く受けています。レヴィンの発達理論がユニークなのは、人間の発達が決して直線的なものではなく、円環的であるとした点にあります。ある発達段階上でつまずいた時、その問題が心理的に未解決のままで残り、後年になって似た状況になるとそれが再燃してくることがあります。もし発達が直線的なものであれば、人は過去に戻ることはできませんからその問題を克服することは大変難しいものとなります。ところがレヴィンの理論に基づけば、発達とは巡り巡ってくるものなので、かつては解決できなかった問題に再び出会い、それを克服する機会を得ることができるのです。本書にはいろいろなところにそうした気づきと成長の場面が描かれていますので、ぜひそういった視点から思索を深めてみることをお勧めいたします。

ＴＡは「人は望めば変化することができる」という信念に基づいた理論です。その信念によって貫かれている本書が、みなさまの実りある人生の糧となりますことを心より祈念いたします。

はじめに

昭和十三年七月、私が四歳の時、海軍航空隊が行った試験飛行中の飛行機が、機体自体から出火して東京湾に不時着し、搭乗していた科学部の部員十三人全員が亡くなるという事故がありました。私の父はその中の一人でした。その日、いつもより早く家を出ることになっていた父は、まだ寝ていた私が玄関に皆と一緒にいないのを見ると、履いた靴を脱いで二階に上がり、じっくり顔を見ながら「操はようねんねして……」とつぶやき、降りて行ったそうです。

その三年後、太平洋戦争の始まる二週間前に、母が病死しました。

これらのことは私の人生に影を落としました。私は子どもながらに「突っ張って」生きていました。祖母を助けてくれていた親戚の人に、「いい学校があるけど、行ってみたい？」と誘われて受験し、光塩女子学院の高校生になりました。あまり成績の良くなかった私は、面接の時、教頭先生に、「いい子になるために入学を許可します」と言われ、『ここは性格を矯正する施設みたいなところか』とショックを受けました。

入学してからの私は、そんなことが嘘のようにリラックスして、思う存分好きなことを言い、時には規則を破ったりしながらも、いい級友に恵まれ、屈託のない楽しい高校時代を過ごしました。シスターや先生方はそんな私をそのままに受け入れてくださっていました。

高校卒業後、聖心女子大学に進学し、そこで洗礼を受けました。小、中学校、そして高校、大学と、良い先生方に恵まれて、少しずつ心が柔らかくなり、「信じる」ことへと開かれたのだと思います。

高校の時にも感じていましたが、大学在学中、「寂しい子どもたちの友達になりたい」、そして次第に「修道者《シスター》になりたい」と思う気持ちが生まれてきて、その道を志願しました。家では大反対でした。無理もないことです。人生を斜に見ていた愛しにくい子どもが、いくら大きくなったからと言って神様や人様にお仕えできるものかどうか。それは私自身にも大きな疑問でした。カトリックの修道会、聖心会に受け入れられたのは、私が良い人間だからとか頼りになるからとかではなく、ただ「この人を、神様が呼んでおられるらしい」と感じてくださったことによるものだと思っています。

そんな四面楚歌とも言える家の中で、兄は、「三人きょうだいなのだから一人ぐらい行ってもいいよ」と受け入れてくれ、弟も、最後に私が家族と決裂した晩、「姉さんは修道者になると、以前からずっと思っていたよ」と言って、駅まで送ってくれました。その夜の道での会話は深く心に刻まれています。それから一年後、入会する前にさよならを言いに行った時、兄は、「じゃあ行くか。行って、ここは自分がいるところではないと思ったらその日のうちに帰っておいでよ」と言ってくれました。最初の修練を受ける修練院で、寂しくて涙が溢《あふ》れてくるたびに、このことばに支えられました。しばらくして兄が修練長に他の用事でお出しした手紙に、「私の妹を彼女の永遠の目的に向けて導いてください」と書き添えてあった、と修練長から聞きました。

シスターになってからは、仕事と時間の調節が下手だったため、四苦八苦しました。それは今もあまり変わりません。それでもシスターたちの祈りと愛の雰囲気のなかで、生徒や学生たちと交わることについて手を取るように教えられ、それはすばらしい体験となりました。そして不二聖心女子学院の校長にも任じられ、その仕事も一所懸命に取り組んだつもりですが、広範囲にわたって注意を払うことが必要なこの仕事は、私にとって少し無理な面があったようです。

たぶん、そのことに気づかれた修道会の責任者たちは、もっと人の心に直接にかかわる使徒職にかかわってみたらどうだろうかと考えて、その方向へと私を向け、準備してくださったようです。その結果、英国で神学を勉強するようにとの指示を受け、オックスフォード大学（レディー・マーガレット・ホール）に留学することになりました。

三十歳を過ぎてからの外国での学生生活は大変でした。けれども聖書の勉強には引き込まれ、得難い体験となりました。帰国後は母校の大学で非常勤講師をしながら、黙想のヘルパーとして働くことになりました。

ところが、黙想の仕事をするようになって、それまでも感じていた自分の限界がよりわかるようになってきました。よかれと思って言う私のことばがきついのです。この発見には、落ち込みました。学校教育の場と同じように、黙想の仕事も、「聴く」ことが中心の仕事です。心の動きに敏感になることなしにはできません。自分の心は何かを探しているのですが、意識できることとできないことの間にギャップがあり、よいつもりで言うことがまっすぐ伝わらないのです。それに気づくためのツールを持たないでいることに苦しみました。

そんな時、私たち黙想ヘルパーへの助けのひとつとして、ＴＡ（Transactional Analysis、日本語では「交流分析」と訳されています）の専門家、オズワルド・サマートン神父とパール・ドレゴ博士による研修会が企画されました。初めて出会ったＴＡの理論と体験は、私にとって開眼の機会となりました。参加者たちそれぞれが、探していたものに出会い、変化してゆくのです。その様子は、傍で体験しただけでもインパクトがありました。

ＴＡとは、一九五〇年代半ばに精神科医・医学博士エリック・バーンによって始められた、新しい社会精神医学の一つです。ジークムント・フロイドの弟子であったポール・フェダーンの学説から学んだバーン博士は、人と人とのかかわりが人間の人格形成、生育にとって実質的に大きな役割を持つものと確信し、かかわりの意義と、それがうまくいかないときの問題を理論的、科学的に把握しました。サンフランシスコで同志となった医師、ソーシャルワーカー、心理学者らと共に毎週火曜日に集まり、体験、実践を分かち合い、それを理論的に省みながら、新しい心理療法、人格理論を発展させて、「ＴＡ」という新しい学派を医学界に樹立しました。その後、ＴＡは教育界、カウンセリングや、医療、企業のマネージメントにも欠かすことのできない理論体系となり、今日まで健康な人間育成に大きく貢献しています。

ＴＡは人間の生きる営みを理解するいくつかの鍵を提示し、その理解を生き方に応用する方法論を示す体系です。例えば「ことばを言うとき、意味していることを言い、言い表わされたことばを尊重する」「何かするなら、嫌々ながらしない」などの理論の数々があります。そのなかでも「たとえある人の行動がとうてい受け容れがたいものであっても、その人の存在そのものは肯定される」という大前提があるのですが、私はこれに大変心を惹《ひ》かれました。それをＴＡでは「人は誰でもＯＫである」という言い方によって表わしています。

ＯＫとは、「人としての存在が尊重される」ということです。つまり不器用でも、口下手でも、失敗ばかりしていても、友達がいなくても、人気がなくても、私たちの人間としての品性や価値は下がらないということです。だから失敗であれ成功であれ、人は経験から学び、それによってより豊かになっていけるということです。

この主張は誰にでも開かれていて、私が若い時経験したことがあった「私は誰にも好かれないのではないか」といった不安や疑問にも、納得できる答えを提供していました。その結果「私は確かに愛されている、自由と責任感を育てて、自分らしい生き方を見つけよう」と自分に言うことができました。

理性的に考えれば当然のことですが、「誰かが愛してくれたからこそ、私はここまで生きてくることができたのだ」ということが腹の底まで落ちて、今までとは違う次元の元気が出たのでした。そして「教育」という仕事がそれまでよりも心に近いものとなってきました。

その後、修道会に許可をもらい、この研修会のリーダーたちのいるインドのＴＡ研究所でＴＡを学ぶことにしました。そして日本とインドを行き来しながら、インドで臨床部門での養成を受け、七年後に資格試験に合格しました。それから六年後、さらに上級の資格を取得し、日本でもＴＡの世界の優れたリーダーたちとの交流が始まって、充実した日々を過ごすこととなりました。

これは私にとって、黙想の同伴者、教育者としての仕事のためにはもちろん、生きること、信仰者、修道者であることと、黙想者やＴＡを学ぶ人々とかかわることがひとつに繋《つな》がる、大きなきっかけとなりました。おかげで昔のような、ことばや態度で人々にショックを与えることも少しは減ったかもしれないと思います。

そして勧めと支えをいただいて、自信のないままに書き始めたのがこの本です。私が信奉する、パム・レヴィンの著書『Cycles of Power』という本に導かれ、ＴＡをその骨組みとしています。北米の精神科の看護師であり、エリック・バーン博士のもとで養成を受けてＴＡの上級資格をもつ彼女は、ＴＡと発達段階に関しての長年にわたる研究を右記の著書で発表しました。私はそれに触発され、実践面で多くの助けを得ました。

ＴＡというツールには、どんな年齢の方にも——特に子育て中の親御さん方にとって——ヒントとなることや、希望と喜びの源泉となるようなメッセージが満載されています。私の主催するグループに参加してくださり、そのプロセスを通してＴＡの良さを実感された方をはじめ、それ以外のいろいろな方たちも、この本を書くことを提案してくださいました。

この本を、どのような立場におられる方に読んでいただいたらよいでしょうか。今まさに子育て中の方、お孫さんや小さい子どもとかかわられる方、人を育てる仕事をしておられる方、「子どもの時こういうふうにしてほしかったなあ」と思うことがある方、一所懸命生きてきて少し疲れたと感じておられる方、パートナーとの関係をよりよいものにしたいと思っている方……そんな方がお読みくださると、小さいヒントとか新しいエネルギー源が見つかるかもしれません。

この本は、二つの部分によって構成されています。第四章までの前半では、ＴＡの大切な概念のいくつかを紹介しながら、その線に沿って「人は誰でもＯＫである」「人としての存在が尊重される」ことを考えました。

第五章以降の後半では、パム・レヴィンが、ＴＡを骨組みとして説いた「発達段階」をたどりながら、人の成長と発達が、周期を経て深まっていくことへの理解を深めていきたいと思います。

（文中に例として取り上げたエピソードは、関係者の許可を得て、新しい状況や、まったく異なる人物による物語に変えて使わせていただきました。）

子どもの「心」をつくる育て方 —— 目次

カバー装丁・馬場　明
本文レイアウト／神園信二

第一部　TAとはなにか

Ⅰ

「自我状態」

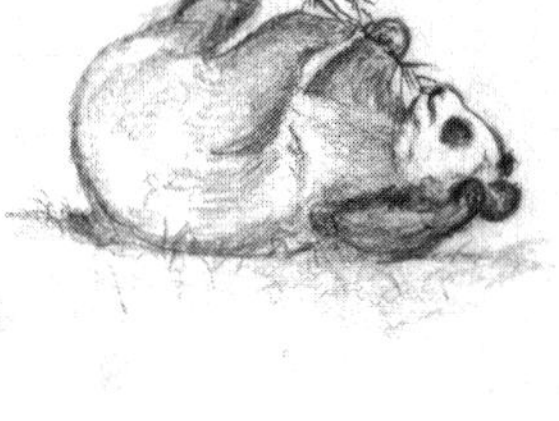

ＴＡ（交流分析）との出会い

人間科学の理解を助け、発展させてきたＴＡ

誰もが受け入れやすく、自己理解の深化につながる「人間観」の基礎

ＴＡは人間の生きる営みを理解するいくつかの鍵を提示し、その理解を生き方に応用する方法論を示す体系であることを「まえがき」でご紹介しました。

創始者のエリック・バーン博士とその仲間たちが形づくったＴＡを、今では古典的ＴＡと呼んでいます。

古典的ＴＡはＴＡの中核的な理論を指し、「自我状態」「交流（やりとり）」「ゲーム」「脚本」、また「人生の立場」とか「ストローク」などの基本となる理論を提供しています。その後のＴＡでは、それらを治療や成長に役立てる方法論をたえず深め、発展させてきました。

ＴＡの理論はだれにでも理解しやすいことばで説明され、聞くひとには受け入れやすく、自己理解を深めるのを助けます。

そのため、精神医学の世界だけでなく教育、人間関係論、産業界などにも広く活用されている人間科学です。

「人としての存在が尊重される」という大前提に立脚しているので、教育界、世界観などに与える影響は小さくありません。私も信仰と人間観において影響され、価値観を新しく理解しなおすことができました。そのため、「教育」という営みがそれまでよりも心に近いものとなってきました。

あるとき私が教えていたクラスで、一つの課題についてレポートを提出してもらったのですが、その中に、同じような内容を書いて出した生徒が数人いることに気づきました。

私はその生徒たちに真相を聞き、話し合った結果、彼らが「してはならないこと」をしたとわかってくれたとき、次のように諭《さと》しました。

「あなた方がしたことは不正なことです。けれどもそれによってあなた方が悪い人になったのではありません。あなたがたの善さは変わらないのですから、このようなことは二度としないようにしてください」

これは、ＴＡの哲学を知ってはっきりと意識化していた信念から生まれたことばでした。このことばを聞いた時の彼女たちの驚きと嬉しさに満ちた顔つき、帰っていくときの晴れ晴れとした様子を忘れることができません。

そして次期の試験では、それぞれ見事な答えを書いていました。今度は私が『よかった、本当によかった』と思いました。

心の内容と動きを説明する「自我状態」

さて、TAの中心的役割をもつ理論、「**自我状態**」とは何なのでしょうか。私たちはただ受身でいるだけでなく、主体として、出来事や人々から助けられたり、反発したりしながら、人となっていきます。

気持ち、態勢、立場など、まわりの世界にかかわる時のこうした「心の内容と動き（ダイナミズム）」を、TAでは「**自我状態**」という概念で説明します。自我は直面している状況にどうかかわるかによって、異なる態勢、状態、表われ方をするので、「状態」ということばを使います。バーン博士は「**自我状態**」を「**感情、思考、行動の首尾一貫したパターン（あるいはユニット）**」[1]と定義しました。そして「**自我状態**」には「**親**」、「**子ども**」、「**成人**」という三つがあるとしました。

では私たちの人格に三つの自我状態があるということは、どのように体験されるのでしょうか。

「親」「子ども」「成人」

私が**子ども**の**自我状態**にいると、私自身の子ども時代の行動、感情、思考を再現し始めます。例えば、暑いときに、「アイスクリームが食べたい」とか、「泳いでくる」とか言ったり、子どもの時にしていたことを言ったり、「わーい！」などと反応するのは**子ども**の**自我状態**です。

子どものころ、強い人に問い詰められて泣いたことがあったとします。大きくなった今でも、強い人に問い詰められたら涙ぐんでしまうというような体験です。こうした体験を人に話しながら涙が出るような時、TAでは「私は**子どもの自我状態**にいる」と言います。

小さい子どもは、このように主として感情から対応することが多いのですが、私たちは、大人になっても、時には子どものときに体験した感情を再体験し、当時の行動の仕方を再現したりします。したくないことをしなさいと命令する大人に反発するのも、**子どもの自我状態**にいることのしるしです。これは、いわゆる「子どもじみている」という意味ではありません。

親の自我状態とは、子どもの目で幼少時に見たり感じたりした親や養育者のふるまいや感じ方、考え方が、大人になった私の価値観や行動に影響を与えている部分です。

例えば、誰かが病気になると、昔、親がしてくれたように、その人をケアしたり、病院について行ったりします。また嘘《うそ》を言う人がいたら、「それは違うでしょう。本当のことを話して」と言ったりします。

このように価値観や人の尊厳や安全に関して示す反応は、相手に対して親のような気持ちでかかわっているときに現われます。この時、「人は**親の自我状態**にいる」と言います。

成人の自我状態とは、人が**親**と**子**の二つの自我状態の間にあって、紛糾《ふんきゅう》している問題にかかわり、絡《から》まった糸をほぐし、解決への道を見出すようなときの姿です。そのとき人は「**成人の自我状態**にいる」と言います。

　例えば、何か問題でもめている人の話をよく聴き、**今**、**ここ**の状況のひとつひとつに順序よくかかわり、よい解決策を見つけるのを手伝うとき、人は**成人**の**自我状態**にいると言います。以前に体験したことを思い出し、それを活かして解決策を練ったりするのも、**成人**の**自我状態**にいるしるしです。

「**自我状態モデル**」

　自我状態を具体的に理解するために、お母さんと子どもの会話の例を通して説明してみましょう。右端に三つの**自我状態**の名前を記号「**子ども**」＝（C）、「**親**」＝（P）、「**成人**」＝（A）で記入します（Cはチャイルド、Pはペアレント、Aはアダルトの略です）。

子「ねえママー、明日学校行きたくない」（C）

母「どうしたの、具合が悪いの？」（P）

子「違うよ。○○君たちが、ぼくが生意気だから明日鉄棒の所に来いって言うんだ。ぼくこわいよ」（C）

母「ええっ、何よそれ！　先生に言ったの？」（P）

子「言うわけないじゃん。言ったらボコボコにされちゃうよ。

△△君だって先生に言いつけてリンチされたんだよ。だからぼく、明日は絶対学校休む」（C）

母「ちょっと待って！　じゃあママが校門のところからずっと見ていてあげる。その子たちが何かしたら飛び出して行って助けてあげるから。とにかく明日学校に行ってごらん」（P）

子「いやだなあ。でも行ってみるからちゃんと見ててよ。あいつらが殴ろうとしたら飛んで来てよ」（C）

母「大丈夫。危ないと思ったらすぐに飛んで行くから。もしママだけじゃダメだと思ったら、パパを呼ぶから安心しなさい」（P）

子「だってパパは会社だから来られないでしょ」（A）

母「う、うん……でもその時は携帯で連絡して、すぐ帰ってきてもらうから。それまではママが一人で頑張るから」（A）

子「そうだね。いつだってママの方がパパより強いもんね。ぼく、こわいけどやってみるよ」（A）

この例では、初めのうち子は**子ども**（**チャイルド**）の気持ち（または態勢）で、母は**親**（**ペアレント**）の立場から話しています。そして話が動いて、母が「パパを呼ぶ」と言ったことから「パパは会社だから来られない」という現実問題を考えたとき、子どもは**成人**（**アダルト**）の姿勢（現実を考える状況）に移りました。すると親の立場で話していたお母さんも、状況にどう対応するかという話題に移ることが必要とわかり、子と同じように**成人**（**アダルト**）の立場に入って答えます。母も子も、それぞれが新しく現状を検討する立場へと動いたのがわかります。そこから結論へと動くことになりました。

　このように「その時その場面」にピントを合わせた**自我状態**、**成人＝アダルト**の自我状態から話を進めると、気持ちが通じ、問題も解決に至りやすくなるのがわかります。

　このように自我状態モデルは、パーソナリティーが三つの自我状態からなるというＴＡ理論の中心的理論です。以下、自我状態がどのように経験されるかを示す、他のいくつかの例を上げておきます。

ある朝のお母さんの体験

・「もうこんな時間。早く起きてご飯を作らなくては！」

（親として、家族の生活に責任を持ってかかわる生き方をしている）　（Ｐ）

・「今日はシリアルと果物にするから、あと十分は寝ていても間に合うわ」

（現実的に考えて決断を下す）　（Ａ）

・「ああ眠い。誰か○○ちゃんを起こしてくれないかなあ」

（誰かに頼りたい子どもと同じ気持ちを体験している）　（C）

ママ友から映画に誘われて

友1「ねえ、映画に行かない？」　（C）―（C）
友2「なんの映画？」　（A）―（A）
友1「○○○○という映画。○○館だって」　（A）―（A）
友2「今日は子どもが家にいるのよ。連れてってもいいかな？」　（C）―（A）
友1「いいけど、ちょっとむずかしくないかしら」　（A）―（A）
友2「そうか。じゃあ今度また誘ってくれる？」　（A）―（A）
他の可能なやり取り「ほかに子どもにもわかるようなのない？」　（A）―（A）
「ちょっと調べてみる」　（A）―（A）

ある母と子の会話

子「ママ、あたし今日は学校行かないよ」　（C）―（P）
母「どうしたの？　どこか悪いの？」　（A）―（A）
子「一時間目プールなんだけど、水が冷たいから行きたくなーい」　（C）―（P）
母「さっき天気予報で、今日は一日中気温が上がらないと言ってたわよ。

　　プールはないかもしれないわね」　(P)―(C)

子「ふーん、そう言ってた？」　(A)―(A)

子「それなら行く」　(A)―(P)

ある母と子の会話

母「またこんなに散らかして。片づけなさい」　(P)―(C)

子「ちょっと待ってよ。後でやるから」　(C)―(P)

母「後っていつ？」　(A)―(A)

子「わかんない」　(C)―(P)

母「手伝ってあげるから今やれば？」　(C)―(C)

ある兄弟の会話

弟「すごく眠くなっちゃったー」　(C)―(P)

兄「じゃあ寝れば？」　(P)―(C)

弟「宿題が終わってなんだ」　(C)―(C)

兄「ならどうしたいんだよ？」　(A)―(A)

弟「ちょっとだけ寝るから、起こしてくれる？」　(A)―(A)

兄「いいよ、何時に？」　(P)―(C)、(A)―(A)

ある母と子の会話

子「クローゼットがいっぱいで閉まんない。
新学期までに片づけたいから手伝ってくれない？」　(A)―(P)

母「すぐママに頼るんだから」　(P)―(C)

子「だって一人じゃ大変なんだもん」　(C)―(P)

母「いつまでにやりたいの？」　(A)―(A)

子「来週までに」　(A)―(A)

母「明日の午後なら手伝えるけど」　(A)―(A)

子「やった！　ありがとう」　(C)―(C)

ある姉妹の会話

妹「喉が痛いんだけど、お医者様に行ったほうがいいかしら」　(A)―(A)

姉「そうね。いつから痛いの？」　(A)―(C)

妹「一昨日あたりから」　(A)―(A)

姉「土曜日だけど、○○医院だったら開いてると思う。
　早く診ていただいたほうがいいと思うわ」　（Ｐ）―（Ａ）

ある生徒どうしの会話

生徒１「あの先生好き？」　（Ｃ）―（Ｃ）
生徒２「嫌い！」　（Ｃ）―（Ｃ）
生徒１「私も！」　（Ｃ）―（Ｃ）
生徒２「どんなとこが嫌い？」　（Ａ）―（Ｃ）
生徒１「すぐ嫌味言うところ」　（Ｃ）―（Ａ）
生徒２「私はえこひいきするところ」　（Ｃ）―（Ａ）

励ましとなるひと言

朝日新聞二〇一九年一月二十六日朝刊の天声人語『言葉の宝石』より抜粋。カッコ内のＰ、Ａ、Ｃは筆者による加筆です。

「つらい時、壁にぶつかった時だからこそ、胸の奥深くにしみいる言葉がある。今年で4回目となる「私の折々のことばコンテスト」に、全国の中高生から2万7千件もの作品が寄せられた……」

・つらかった小学生のころ、お母さんから何度もかけられた言葉。「頑張った匂いがする」
（P）—（C）

・聴覚に障害のある高校生にお母さんがかけた言葉。「障害のことで親を責めたことがないね」
（P）—（A）

・（同じ高校生に）耳の手術の前日、「あなたは耳のせいにして諦めたこともないね」
（P）—（A）

・何か初めてのことに挑むとき、家族の前で自分を鼓舞するお父さんの口癖。「まずは根拠のない自信から」。失敗してもいい、まずは自信をもって。その気にさせられるひと言である。
（P）—（C）

さびしい人と

友1　「誰もいないの？」　（A）—（C）
友2　「うん、誰も。さびしいよ」　（C）—（P）
友1　「一緒にいるよ」　（P）—（C）
友2　「うれしい」　（C）—（C）
友1　「何かする？」　（C）—（C）
友2　「ボヤっとしていたい」　（C）—（C）

友1「うん、じゃそうしよう」そばに腰掛ける。　（C）―（C）

考え方、性質、価値観がまわりの人と違っていて自分は一人ぼっちだと感じている人が――

感じている「私は誰にも理解してもらえないない」　（C）

顧みている「この間Aさんは私の話をちゃんと聞いてくれた」　（A）

生き方を選ぶ「わかってくれる人は少ないけれど、
私は自分の信念を大事にしたい」　（P）

しばらくして、この人がさらに考える

新しい気づき「私はたいていひとりぼっちだけれど、Aさんは私を受け入れてくれる」（A）

父親のことばを思い出す「お父さんはよく『お前は自分を信じて生きていけよ。
お父さんはお前を信じているよ。』と言ってくれた」　（P）

受けていた支えに気づく「そうだ私はひとりぼっちじゃなかったんだ。よかった」　（C）

このように人が内面で体験することが体で表現され、行動にも表わされて、その人の体験が外からも見えるのが、この理論の特徴です。「**自我状態モデル**」という「システム」とか「方法論」に従って名付けた呼び方である**自我状態**は、手にすることのできる「もの」ではなく、「ひとの在り方」の名前です。また「私たちが自分の人格の一部を表現する方法の一つである」と理解することもできます。この呼び方に従って人が何かを体験し、それを表現したりするとき、「**親**、**子ども**または**成人**の**自我状態**のどれかにいる」とTAは理解するのだと言えます。

自我状態を体験的に語る

時間も空間も記録される

自我状態の中には、時間も空間も記録されます。たとえばその時の、人のことば、その人たちのしたことや雰囲気、優しい微笑み、日の光なども記録されています。また、偏見をもって差別的な反応をしたりすれば、それらも残ります。こうして養育者たちとのかかわりは、その子どものひととなりの形成に参与し、続く体験と共にこの人を育てていくことができますし、また悲しい記憶も跡を残します。

父が亡くなる日の朝、一度履いた靴を脱いで二階に上がり、私の顔をじっと見てから家を後にしたという話は、私の人生に跡を残しました。その時のことを後で母から聞いて、父の眼差し、愛情と惜別の想いを、私は自分の中の**子ども**の自我状態に受けとめ、また人を愛することを私も行動で示したいという思いを、自分の中の**親**の自我状態にしるしたのだと、私は思っています。

これを**自我状態**モデルから考えますと、私の**子ども**の**自我状態**には最初、悲しみと悔いという苦しい感情だけが記録されていました。そこに父の私への愛情が私の**子ども**の**自我状態**にしるされているのを、祈りの中で私は**成人**の**自我状態**で理解しました。その上、父に対する懐かしさ、父に愛されていた嬉しさを自分の**子ども**の**自我状態**の中に感じる喜びが生まれました。さらにあの日、二度と家に帰れないかもしれない可能性を思い、二階まで上がって来て私を見つめ、元気に家を後にした父の気持ち（父の**親**心）と、その時間を共有した母や他の大人たちの思い（**親**心）が私のなかに跡を残していることに気づき、これらが私の親の自我状態にしるされてきたことにも気づきました。

親の自我状態には、実際の親だけでなく、その人にとって師とか先輩として大きな影響を与えた人のことばやふるまいが蓄えられることがあります。以下はその例のひとつです。

インドでＴＡの資格を取得する養成を受けていたころ、私は、ある会社の幹部の人々向けの研修会をしてくるよう先生から頼まれました。「あなたはこの役目を果たすことができる。準備に時間をかけ過ぎる必要はない。心を静めて、知っていることをただ受けとめなおし、中から湧いてくる力に頼って祈って出かけなさい」ということばに送り出され、このことばを信じて、その勧めに従って自分なりに短く準備をして出かけました。

不思議だったのは、理論の提示と演習をどう組み合せるか、質問にどう答えるかなど、その日の時間の経過の中で答えや方法論が必要に応じて浮かんでくるのを体験したことです。おかげで無事にこの研修会を終えることができました。

それ以来、似たような場面に立つと、この師のことばがよみがえり、その時と同じような心で準備し、必要な光と対応策が与えられるのを感じます。

これは**自我状態**モデルから考えると、研修会のために私に与えられた先生の**親**の**自我状態**からの力強いことばと支えが私の**親**の**自我状態**に影響して、似たような場面に直面すると、そこに戻り、その時を追体験するのだと思います。

私に与えられ、**子ども**の**自我状態**にしるされていた支えが湧き出てきて力を添え、いつの間にか自分らしい背丈、言い換えれば、自分らしい状況理解やノウハウ、**成人**の**自我状態**が育てられていたということかもしれません。さらに私自身も、そういうふうに人を信じ支える**親**の**自我状態**を育てるように励まされるのを感じます。

親、成人、子どもを総動員することで経験から学び、成長した体験もありました。

出かける時にたびたび忘れ物をするのが私の悪い癖でした。ある日、忘れ物をするのを何とかしようと思い、出かける準備の仕方を顧みてみました。出かける直前までぼやっと過ごしていて、時間がくるとそそくさと物をかき集めて出かけていることに気づきました。

それで、出かける数日前から必要なものを思いつくたびにバッグに入れ、またはメモをするようにしました。出発までの時間を計算し、それまでに必要な連絡をし、出かける日にはすぐ出発できるようにバッグ、コート、靴などを用意しておき、時間になると、落ち着いてそれらを身につけ、気持ちよく出かけることができました。

新しい**自我状態**が自分のものとなるためには、過去のうまくいかなかった経験に立ち戻ることが必要でした。私は、記憶をたどって「したこと、しなかったこと」「考えたこと、考えなかったこと」を思い出し、それらにまつわるもの悲しい感情を認めました。すると、次にどうするかが自然にわかってきました。

このケースは**自我状態**の理論から見ると、そこに記されている体験に戻ってそれを自分のものとし、新しい決断と行動を決め、感情もそれらに合ったものに変え、一切を新しくしたといえます（**親**、**成人**、**子ども**の三つの**自我状態**の協力によって）。

こうして前の体験（弱さの）と新しい体験（希望）の両方を、私のものとして新しく捉えることになりました。

劣等感に陥《おちい》るひまもなくその両方が私の人柄の一部をなしていることがわかり、それを受け入れました。

このことを通して、両方ともが私の助けとなったように思います。私たちが体験から学び、限界と可能性をもった自分をよしとすることで、自分の今の**自我状態**に新しいエネルギーを得ることが見えてくる体験でした。

このように**自我状態**には、人から受けたもの、また人に応えたり、与えたりしたことなどが相互性を持つひとまとまりの体験としてしるされて残り、その人の中で自分のものとなり、エネルギー源となり得ることがわかりました。

こうした体験は、現在私の**自我状態**にしるされ、源泉のように私を支えてくれているように思います。

子育てとの関連で自我状態を考える

「時間が痕跡を残している」という発見

以上のいろいろな例から、**自我状態**には時間がその痕跡を残していることがわかります。実際、バーン博士は**自我状態**と時間の関係に着目しています。それは人が何かを体験するたびに、その人の歴史に新しいページが書き加えられることを意味しています。何かの体験をした私は、自我状態の中で過去の体験に基づいてこの新しい体験を受け止め、理解し、自分の中に取り入れます。新しい体験の意味を理解するのに時間を必要としていることは事実です。

自我状態はさらに、これから続く時間を組み込んでいくのですが、それがどう展開していくのかは時間が経過することによってしかわかりません。このことは、例えば親からに言われたことを子どもがその時は理解できなかったとしても、時間の経過によって実りを結ぶ可能性があるということを意味しています。人は体験を通して、特にそれを省みることによって過去から学び、それを次の時間への知恵として携えていくことができるということではないでしょうか。

また**自我状態**の中には、時間に加えて空間、つまりそのときまわりの人の言ったこと、したこと、その人たちの雰囲気、特に優しい微笑み、日の光など、周囲の環境も記録されています。人はまわりの現実や社会との交わりを通して、時間をかけて成長していくものだといえます。たとえば「自己は社会構造に属するものである」とか、「人の人生は多方向性をもち、喪失と獲得、置かれた状況、歴史的、社会的要因などによって変化してゆく」という心理学者たちの表現もそのことを指していると思います。

体験はそのままでも本人や周りに影響を残しますが、さらに**自我状態**に影響を残した体験を意識して省みることによって、本人もまわりの人も、そこからよりはっきりしたメッセージを受け取っていくでしょう。

こうして時間や空間の中で体験されたことは、その人らしい反応と共に**自我状態**に残り、その人となりの形成に参与しながら、続く体験と共にその人を育てていくことになります。このことに私は特に惹かれます。今、子育てが大変な時代だからこそ、一人ひとりが持っている**自我状態**に幾度も幾度も立ち戻り、顧みることで、経験したことをより深く自分のものとしていき、それを子どもたちとも共有できるのではないでしょうか。

自我状態には、体験にまつわる運命的な要素（環境）だけでなく、それらに対する自分の答えも記録されていますから、自分自身の歴史がその主人公である自分を養うことができるということでもあると思います。これは成長することを意味し、そういう親たちの姿を目の前に見たり聞いたりして成長する子どもたちもまた、生命を受けることができると信じます。

さらに認知科学的立場から、人間は他のどんな生物よりも優れた変革能力を持っており、それはごく幼い子どもたちにみられるとして、「わたしたちは周囲の環境を学習し、それとは異なる環境を思い描き、現実に変えていきます……そこで人間についても学習し、その知識をもとに他人の行動、自分自身の行動を変えていきます」[2]と書いている学者もいます。

こうして祖父母、親、兄弟姉妹、近所の人、先生や友だちなどとのかかわりは、**自我状態**にしるされ、私という人間がそれらを受けとめ、害となるものには別れを告げ、自分の選択をし続けるためのエネルギーのもととなります。こうした連鎖反応が子育てのためのエネルギーともなり、育てられる子どもにも、近くにいる他の子どもたちにも、また育てる側の大人たちにも、社会にも、伝播し蓄えられ生かされていくのが見えるように思えるのです。

参考文献

—深沢道子監修　門本泉編著（2003年）「**TAベイシックス**」日本TA協会
—トニー・ティルニー著　深沢道子監訳「**交流分析事典**」
（1）V・ジョインズ、I・スチュアート著（1987年）深沢道子監訳（1991年）「**TA Today 最新交流分析入門**」実務教育出版
—島田涼子著（2016年）「**ケースに学ぶ心理学ー交流分析のサイコセラピー**」新興医学出版社
—前原武子編（2008年）「**発達支援のための生涯発達心理学**」ナカニシヤ出版

（2）アリソン・コプニック著（２００９年）青木玲訳（２０１０年）**"The Philosophical Baby"「哲学する赤ちゃん」**亜希書房

―バーバラ・ベクネル著（１９９２年）大滝玲子訳（１９９３年）**"Human Growth and Development"「人間の成長と発達」**　女子パウロ会

Ⅱ

家と大地が育む「自我状態」

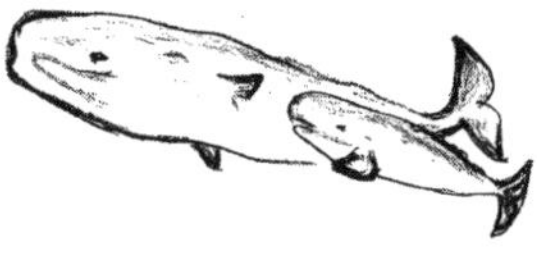

家と私と大地

「大地も家族も決して私を見放さない」という確信

傷ついた人が「家」で味わう安心感

幼い子どもは家族で出かけてしばらく楽しんだ後、よく「お家に帰ろう」といいます。大人のほうは、さあこれからみんなで楽しもうという矢先でも、幼子は大真面目でそう言います。これは、子どもが生まれる前から心や体に刻まれている「おうち」で味わう安心感への憧憬や郷愁を、口にする瞬間なのではないでしょうか。ともかく、外に出ると家が思い出され、それが正直なことばとなって出てくるのかもしれません。大人も夕方家に帰ってきて、窓に灯りがついているのを見て安心します。そこに待っていてくれる人があるなら、さらに幸せです。

また、自分にとって懐かしい場所に行って、大地とのつながりを取り戻し、心がリフレッシュされることがあります。

そのいっぽう、あるとき私は、〈人が帰る場所を失う〉という深刻な現実を目にしました。家を持たない人が雨の日に、狭い軒下や公衆トイレの乾いたスペースなどに寝ていたのです。それは私にとってはじめての体験でした。しかしこの衝撃的な場面は、〈人が家を失うという過酷な状況においても、地球は横になる場所を提供し続け、一人として地球から振り落とすことはない〉という事実を告げていました。そしてその後も折あるごとに、「家を失った人々も家がある人々も、それぞれが地面に立ち、大地に支えられて、共に生きてゆくようにと計らう地球が、確かに存在している」ということを私に思い出させてくれます。

現代の社会では、いじめを受けて学校に行けなくなった子どもが、ある期間家にひきこもるという現実があります。そのようなときには、子どもを「あなたはうちの子」と、当然のこととして、受け入れてくれる「家」が必要ではないでしょうか。その家で子どもは、心の内を語る力もなく、ことばを超える苦しい現実を背負って灰色の日々を耐えます（時には大人も同じ経験をすることがあります）。

生きる上での闘いに傷ついた苦しい日々や寂しい日々は、戦争や災害などによって家を失い、大地が支えてくれることによってやっと生きている人の体験にも通じるものがあると思います。

いじめは確かに人の行く場所を失わせ、人間への不信を募らせる悲しみの代名詞です。このような時、「学校に行かなくてもいい、と言ってあげてほしい」という専門家のことばは、追い詰められた気持ちでいる子どもや家族をしばしほっとさせるのではないでしょうか。家に閉じこもってただひたすら、溺れている人のように、「苦しみから抜け出したい！」と孤独な時間を過ごしている子どもにとって、自分をそのままに受け入れ、そこにいてくれる人がいることのありがたさは、解放された後になってやっとことばにできるものだと思います。

その意味ではどんな人でも、深い孤独感にさいなまれながら鬱々《うつうつ》と時を過ごす経験があるでしょう。そこにあるのは、出口が見えず不毛としか感じられない苦しい日々ですが、いつか何らかの解決を見出し、この事実を受け入れられる時が来るなら、体験はその人にとって、思いやり、落ち着き、優しさといった〝人柄に奥行きを添える〟ような特別な機会になります。隠れたところにいて支えとなった、親や兄弟や友人たちの心遣いや優しさがそこの人の命をつなぎ、苦しみをその人の底力へと変えていくのです。

また、周辺の人々のそうした思いやりには、大地が人を放り出さずに支えているのと通じるものがあります。そうであれば、人は家とか家族が自分を決して見放さないことを知るようになるでしょう。

寄り添いの記憶は自我状態に保存され、人格形成に影響を与える

人はこういう体験から、一時的に『自分は最低だ』と思ったとしても、自分が知らない間も守られている存在であることを感じ、より深い人間性を備えた「人」へと育っていきます（言うまでもなく、いじめや孤独が人を「最低なもの」とすることはできません）。家族に見捨てられない体験をすると、受けた「守り」がその人の**自我状態**に保存されて人格形成に影響し、その人自身が〝自分を見捨てない人〟へと成長するのです。

しかしながら時には、家族も連携できないことがあります。ちょっとした行き違いから縁が切

れたり、会話がなくなったりしてしまうのはよくあることです。こういうときは、その苦しさを家族以外の誰かが理解し、友として家族の代わりに助けてくれることを望みます。

でも、安心してください。たとえそういうつながりがなくても、不思議とその人に生まれつき蓄えられた大きな力がその人を支えてくれることで、人は人になることができます。また、よい助けを求めながら、家族が和解できるよう図っていこうとする意志を持てるなら、それは幸いです。

たとえそれが望むような結果に至らなかったとしても、こうした一切の心の動きを通して人はいつか、家族を超えて他人の苦しみがわかる人になっていくのではないでしょうか。

先住民として土地を失う経験をした、ある神学者が言った次のことばを思い出します。

「私たちが土地から追われ、住居を失い、ルーツを失うことがあっても、大地は私たちの中に宿っている。私たちは内なる大地を通してお互いと、また国とつながり、自分自身を見出す」

このことばは「大地」を語っていますが、「私たちの体験する時間と空間は、私たちの**自我状態**の内に生きている」というＴＡの人間理解と符合します。その上、人が示す愛情、支え、優しさは、苦しみの中にいる人を生き返らせます。

そしてこれらの事実は、子どもたちや若者が明日、身も心も安心して生きられるかどうかに深く関係する「お互いへの愛」の重要さを物語っています。

「家」がつくられ、人がつくられるということ

英語の「住む＝dwell」ということばには、「深く掘る」（dig deep）という意味があるそうです。共働きの主婦（夫）の暮らしを思い出してみましょう。彼女または彼は、仕事から帰ると、たとえ疲れていても家族の食事を用意し、後片付けをし、掃除や洗濯をします。暑い日も寒い日も幼稚園や保育園まで送り迎えをし、部活で早朝に家を出る子どものためにお弁当を作ります――それらは毎日繰り返されるばかりで、人の目を惹《ひ》く華やかな仕事ではありません。埋もれていて、深く掘ることによって初めて真価が理解される仕事です（台所ということばにはそういう意味があるかもしれません）。

　これらの仕事が何かに役立っているかどうかは当人にも見えず、慰めのない日々が終わりなく続くように感じられることもあるでしょう。そうであったとしても、親が人目から隠れた仕事を繰り返していてくれることを感じ取る子どもは、ただ静かに親の支えを受けていてよいものであることを知ります。そしてその間に、子どもは自分自身の人生に携えていく意識を育て、信念や価値観、生き方の方向を決める力を蓄えていきます。さらにそれだけでなく、こうした日々の生活で示される親の心遣いや優しさは、子どもの心を養い育てます。子どもはこうした親の背中を見ながらユニークな精神を宿し、人生の旅に出たとき、「自分はどういうものに目と心を向け、何を大切にするか」を決めていきます。

　さてここで、「目と心を向けるもの」とはどういうものでしょうか。それは〈私に得なものか、

損なものか〉〈私の負担は多いか少ないか〉などでしょうか。または物事がうまくいかないとき、どういう人に目を遣っているでしょうか。自分を支えるものや人を知っているでしょうか。それとも、自分に嫌《いや》なことを味わせるものにばかり目が行ってしまうでしょうか。

これらの問いを前にしたとき私たちは、『自分には中立という道はない、やるかやらないか、選ぶか選ばないか、しかない』ことに気づきます。自分の選択が良い選択だったのか、そうではなかったのかがわかるのには時間がかかるでしょう、人生は成功や失敗を通して、また時間をかけて紡ぎだされるものですから。

人を「そのとき、ある方向に動かすものはなにか」といえば、幼い頃、家の中の台所や洗濯場など隠れたところで小さいままに見ていた親の背中、大小さまざまな選択をしていた親の姿であることに気づきます。

またこれらは、「私は何を大切にしているか」という次の問いに繋がります。「困っている人に出会ったら声をかけるか、見なかったかのように立ち去るか」「強者の側に立つか、弱者の側に立つか」という問いです。これへの回答も、子どものときに隠れた場所で見えていた、さまざまな選択をしていた親の姿に影響されていることが少なくありません。

これらの体験が重なるにつれ、子どもは、親が自分のなかに魂を誕生させてくれていたのを知るでしょう。この体験をした子どもは、旅立ちに際し何に目と心を向け、何を大切にするかを指し示す知恵、道を照らす光として、よく育てられた魂を携えていくことになります。誰もこれを奪うことはできません。

塩が塩としての本領を発揮するのは、食物の味となって姿を消していくときです。この食物から塩を奪うことはできません。親の存在は子どもにとって、自分の人生に味をつけてくれた塩に似ています。たいていの場合、自分たちの隠れた働きが塩となって子どもの生命に味を与えていたのを親が知るのは、ずっと後になってからでしょう。

自我状態モデルを通して考えると、親の隠れた愛と働きは、育ててきた子どもの**自我状態**の一つ、（親の**自我状態**）、となって、姿の見えなくなった塩のように、子どもの内面の力となり、子どもが自分自身を支える力となっていくことだと言えるでしょう。

アットホームになるということ

可能性も限界もある家での生活のなかで、子どもは外部の人々や友だちと交わりながら、自分らしい独創性や個性を見出し、一個の人格としての真実味を身につけていきます。そしてやがて巣立っていきます。子どもは、家にいつまでも留まることなく、いずれそこを去らねばならないことをわきまえています。親も、子どもを出発させる日に向け心を準備していきます。

この別離は、子ども自身がアットホームになった時に体験されることが望まれます。アットホームになるというのは、自分自身の中に、今まで家で受けて来た愛や知恵が蓄えられているということです。これまで自分が育てられた場所や時間としての家から巣立って、どこに行ったとしても自分自身が家となり、そういう新しい自分を信頼して生き始めることです。

このことに関連して、私の友人がこんな話をしてくれました。「テレビの番組で、世界の果てでたったひとりの日本人妻などとして、辺境の村などに嫁いで暮らしている人が紹介されているのを見ます。彼女らの姿に共通しているのは、背筋が伸びて、まるで大黒柱をもった木造の家が、レンガを組み合わせて建てた家々の中に一つだけ建っているかのような印象です。それはしなやかでありながらもたくましい日本人らしく、文化の異なる土地でも家として機能していることを感じます」。

まさにそういうことだと思います。私はその番組を見ていませんが、世界のあちこちでアットホームになって生き抜いている女性の姿が目に浮かぶようではありませんか。

一つだけ、気づいていたいこと

現代は、日常の隠れた仕事が大事なものだとわかっていても、忙し過ぎてちゃんとご飯が作れないこともあるのではないでしょうか。そのような時には、コンビニのお惣菜など既製のものを上手に活用することで代替している共働き家庭も多いようです。疲れ切って不機嫌な食卓を囲むよりも、『今日はこれでいい』と割り切って、その決断をよしとする――子どもたちはこうした親の柔軟な姿勢、応用力を見ることによって、今までのようなゆとりとは異なる現在の時代らしい感覚や落ち着き、人への配慮、自分へのケアのしかたなどを身につけていきます。

時代によって目に見えるアットホームの形は変わっていきますが、子どもが、親やほかのメンバーたちから受けた愛、信頼、支えなどを自分の内に抱いて出発していくという中身は変わりません。そしてその先はいろいろな状況を自分で切り開いて生き抜かなくてはなりません。

混乱の中で未来への道を見つけ、不安定な状況の中で落ち着きを保ち、泥水のなかで舟を漕いでいくような時、いつの間にか蓄えられていた内面からの力が発揮されることでしょう。そして時が来れば、パートナーを見つけて、自分たちの巣である新しい家を作ることになるかもしれません。

そうした時に一つ気づいてほしいことがあります。それは、自分の親が必ずしも理想的な親であったとは限らないということです。

完全な親というものはあり得ません。親との性格の違い、受けた教育や、してきた経験の違いなどから来る「ずれ」が生じる可能性はどの家庭にもあります。この問題は対処しやすいものではありません。

たとえ現在、親が目の前にいなくても、自分の**自我状態**のなかに存在しているのは確かです。ですから親との和解は自分との和解でもあります。何歳になったとしても、子どもは、自分の中にいる親を新しく知り、受け入れることができます。そうすることで、自分自身を新しく知り、より深いレベルで親を愛し、さらに**家**（アットホーム）を築いていくことになります。それは、これまで自分が苦手としてきたタイプの人たちを新しく受け入れ、協働する喜びを知るときでもあり、親との和解ができたのを味わうときとなるでしょう。

　こういった和解の一つ一つのプロセスは、新しい自分らしい巣作りを後押ししていくに違いありません。このとき、「最後に何よりも大事なのは、己《おのれ》自身に忠実であれということだ。そうすれば、必然、夜が昼に続くごとく、他人に忠実たらざるを得なくなる、よいな」（『ハムレット』より）ということばが実感を伴うものとなるのではないでしょうか。

Ⅲ かかわりとストローク

かかわり――生きるためになくてはならないもの

内緒の手紙に込められたストローク

「こたえがあらへんもん」

左にご紹介するのは、小学校一年生の**むらいつぐなり**君が「**あのね帳**」に書いた内緒の手紙です。

あのねちょう　ふつかつづいて
まるくれて　ありがとう
あのねちょうで　まるもらうの
むずかしいね
こたえがあらへんもん
さんすう　こくご　やったら
こたえひとつやもん
あのねちょうが　むずかしいね
ぼく　なにかいていいいか　わかれへん

せんせい
ないしょで　こたえおしえてな

むらいつぐなり

生きるために必要な「刺激」や「認知」

人には、他者から触れてもらい、認めてもらいたいというニーズがあります。このニーズが満たされないと、人は生きる力が弱まり、時には死んでしまうこともあります。生きるためには空気、水、日光と同じように「刺激」や「認知」が必要です。それを交流分析では「ストローク」と呼び、「存在認知の一単位」[3]と定義しています。それがあると、生きる力が増えます。

音楽やレジャーなど人間以外のものからも、ある程度ストロークは得られますが、根源的に大事なストロークは、「○○さんは私を心にかけていてくれる」という〈心のよりどころ〉に関係します。これがあれば、相当の苦しみを通るときも潰《つぶ》されずに生きることができるでしょう。幼児期には身体での接触や食物や微笑みが、「あなたがそこにいるのを私は知っていますよ」というサインとなります。それを受けて子どもは元気になり、育つ力となります。

成長すると、人は自分でもある程度このニーズを満たすことができますが、それでも他者とのかかわりは根本的なストローク源ですから、何かやり遂げたとき、寂しいときなどには、「誰かがそれを認めて応える」ことが大切です。

　子どもがよく大人に、「見てて！」と言うのはそのしるしです。子どものときにこういったかかわりを味わっておくと、大人になって誰も答えてくれる人が傍《そば》にいないときも、中から力が湧き出て、自分を支えながら生きていけるでしょう。

ストロークの種類

「ストローク」ということばには、英語で「撫《な》でる」という刺激も含まれます。このことばの意味からもわかるように、赤ちゃんには特に、抱っこされたり微笑みながら声をかけられたり、またお乳をのませてもらったりなど、身体的なストロークが大事です。

　少し大きくなると、「大好き」というような心理的な、ことばや微笑みなどによるストロークも必要になります。

　ストロークには、好意を示す肯定的なもの、間違いを糺《ただ》す否定的なもの、真実なもの、見せかけのもの、人の存在自体に向けられる無条件なストローク、人のすることに向けられる条件付きのストローク——などがあります。

　これらの種類のストロークは、実際には組み合わされています。

　例えば、「お茶にしましょう」と言って微笑みながら、お茶を用意したとします。言語的な招きと、体を使っての非言語的な準備の動作が組み合わされ、さらに本当に一緒にお茶を飲むことで、肯定的なストロークとなります。

これとは反対に、カーッと怒って「あっちへ行け」と言いながら睨《にら》んだとします。これは、非言語的動作（睨む）を伴って**存在**に向けられた、言語的・否定的なストロークです。

否定的なストロークは、たとえそうであったとしても「ないよりまし」だと、**寂しい人**が知らぬうちに探してしまう種類のストロークでもあります。

これは**存在に向けられる否定であり、何としてでも避けたい刺激**です。時として、気の弱い子どもがいじめっ子を探して遊んでもらおうとすることがあるように、寂しい人はこうした刺激を体に受けとめやすく、それは死に向かわせる力となりかねません。このような場合、たとえば「約束の時間に遅れてきた」といった怒る理由を言い添えれば、否定的なストロークでありながら、ことばは「**する**」ことに向けられることになり、存在への否定はなくなるか、またはぐっと弱められます。

さらに、なにか仲直りのしるしを送っておくことはよい動きだと言えます。「あなたをまったくダメな人と思っているわけではない、人間として信じている」というメッセージになるからです。

この問題については、ストロークの出し方について考えるとき、もう一度考察してみましょう。

この項の冒頭にご紹介した「あのね帳」の手紙は、**先生**と**つぐなり君**との間に温かいかかわりがあり、人間同士という感覚、深い信頼があるのを感じさせます。

こうしたかかわりが人の心を養うストローク源であり、つぐなり君の心の支えであることは言うまでもありません。

かかわりの土台は尊厳と対等と情報の共有

すべての人に「尊厳」が備わっている

よいかかわりの土台は、年齢や立場の違いにもかかわらず、人間同士として対等であることです。そう言える理由は何でしょうか。それはすべての人に尊厳が備わっているからです。

聖書には、神は「土の塵《ちり》で人を形づくり、その鼻に命の息を吹き入れられた。人はこうして生きるものとなった」（創世記）と書かれており、やがて土に帰っていく限界のある（弱い）人間に、愛にも命にも限界のない神が、顔と顔を合わせて息を通わせておられることを示しています。

形やことばは違っていても、古代世界に広く伝わっていた、人間の創造に関するこの伝承は、弱い人間が、「このように神から愛されているのだから、皆、互いの尊厳を大事にし、信じあって生きてほしい」という、造り主である神の願いを表わしています。

子どもは愛してくれる親が自分の存在を「親と対等なもの」だと示してくれると、尊厳の感覚を容易に身につけることができます。聖書は他の箇所で、「体は殺しても魂を殺すことのできないものどもを恐れるな」といいます。このことばは、弱い＝土で出来ているもの＝である人間の尊厳を、誰も打ち壊《こわ》すことはできない、どんな試練に出会おうと、愛である神が人間を忘れることは決してない、といっているのでしょう。

対　等

人間の赤ちゃんはパンダの赤ちゃんと同じで、生まれたばかりのときには何もできません。けれども人間としての品位、揺るがない尊厳を備えています。最近の研究も、子どもには生まれた時から既にこの力が宿っていることを示しています。小さい時から親の付属物ではなく、人間として、家族の一員として、親たちと対等に扱われてきた子どもは、自分の尊厳を体で知っています。それは人の役割や、立場が平等であるということではありません。役割や立場には上下があります。しかし子ども、障害者、高齢者など弱い立場にいる人々への虐待やいじめが問題になっている今日、どんな立場や性格、能力を持つ人たちであれ、人間として、尊厳において対等であることは、社会が思い出し、確認しておくべき原理、感覚であると思います。

情報の共有

家族間で情報が気持ちよく共有されることは、互いの尊厳と対等をわかりやすくします。家族の皆に影響のあること、たとえば引っ越しとか、家族の一人の入院が決まるといったような出来事について、小さい子どもも話の輪の中に入れて相談したり、分かちあったりするのはその一例です。結論を大人が出すことは当然ですが、子どもにもわかる範囲で状況を伝え、感じている気持ちを口に出させ、それを聴いて参考にするのは、子どもの精神的な成長を助けるでしょう。

母親が長時間留守をしなければならないときなどは、「お母さんはあなたを置いていかなくてはならないけど、用事が終わったらすぐに帰って来るから、安心して待っててね」と、心を込めて伝えていただきたいと思います。赤ちゃんも、母親のことばはわからなくても顔の表情や動作、声の調子、雰囲気などからメッセージを感じとり、安心を体験するものです。

子育ての現場で生きるＴＡ

叱《しか》るかわりに、教える

子どもが失敗したり、言うことを聞かなかったりしたときは、ただ叱るのではなく、子どもにわかることばで、信頼と安心のうちに、それを自分の問題とすることができるよう、真実を語っていただきたいと思います。真実のことばを聞くことは、そのときは辛《つら》くても、子どもは親の信頼に応える生き方をしていくでしょう。

ときどき子どもは、叱られるようなことを続けてすることがあります。それは寂しく感じているしるしかもしれません。親が子どもの年齢にふさわしいことばで語りかけ、自分の経験や感じたことを分かち合い、情報を伝え、問いかけたりすると、一時不足した愛情も新しく補われます。どうぞ、子ども自身がそこから考えられるよう、助けてあげてください。経験から学ぶのは本人だからです。

叱るときはまず、二人だけの時と場所を探し、目を合わせて話し合うようにしていただきたいと思います。そして一息ついて自分が冷静になってから、まず先に子どもの気持ちや言い分をじっくり聴いて、そのことばにしっかり答えながら話を進めてください。これは結果的に「親密さ」という実りをもたらすに違いありません。

もちろん物事によっては、しっかり叱ることが必要な場合があります。そのようなときは、重要だと思うことを**一つだけ**、ポイントを絞ってことばにするのが上手なやり方です。そのためには普段から、言いたい文句を貯めこまずにかかわっていることが大切です。また子どもにとっても、「大事なこと一つ」に絞って真剣に親に叱られるのは、かけがえのない体験となります。

長い説教が必要なときは、いったん区切って「もう一度話そう」と続きの話をする時間を約束し、間を置くのが建設的です。子どもは自分のペースで、聞いたことを考えることができ、また、親も落ち着いて話し合うことで、子どもを納得に導きやすくなります。

「褒《ほ》めるとき」と「叱るとき」

さらに、「褒めて育てる」ことが奨励されます。それは確かに人の心を解放し、自信を与えます。とはいっても、「存在」と「わざ」をひとまとめにした形で子どもに「褒めことば」や「けなしことば」を投げかけることは避けましょう。たとえば「いい子だね」「天才だね！」とか、「しょうがない子だね」「かわいくない子だね」などは、日常的に口にしがちな下手な表現です。人はこれらのことばを受けても、よりよい人になったり、悪い人になったりはしません。子どもがこうしたことばを繰り返し聞いていると、知らず知らずのうちにそのメッセージを存在のレベルに背負い込んでいく可能性があります。

存在に向けられたことばの例として、「大好きだよ」「あなたに会えて嬉《うれ》しい」は肯定的であり、よいものです。「あなたは嫌いだ」や、子どもたちの間で一時流行《はや》った「死ね」などは、絶対に避けたい表現です。

こうした否定は、受けた人の存在のレベルに深い傷となるからです。死ねと全面的に否定する代わりに、「あなたが○○ちゃんをいじめるのはよくないからやめて」とか、威張ったものの言い方をした子に「その言い方はよくないな」など「(聞く方にとって)何が嫌なのか」「**する**レベル」をはっきり告げることが大切です。

することを褒めることば、たとえば「今日は早起きできてよかったね」「キミの笑顔は魅力的だよ」などは、「早起き」や「笑顔づくり」など「**すること**」へのストロークであることがはっきりしています。

そのように**存在自体に根本的な好意を伝えながら、するレベルのことを褒めたり叱ったりする**と、わかりやすく受け取りやすいストロークとなるでしょう。

こうして区別がはっきりしたことばでかかわってもらうと、子どもは、褒められようが叱られようが、自分のありのままを肯定的に捉える自信と精神力を養い、心に深い安心を得ることができます。

裏表のない「正直な気持ち」が不可欠

二つのレベルのストロークを組み合わせる

では次に、「存在」と「するレベル」を分けたストロークについて、もう少し深く考えたいと思います。

まず、「あなたと会えて嬉しい」「お前は嫌いだ」といった言い方は、その人の存在自体に向けられている肯定的、または否定的なことばです。

次に、「それはいい考えだね」「あなたの笑顔はすてきね」などは、**する**レベルに向けられた肯定的、または否定的なことばで、言われた方にとっても受け取りやすいものです。

肯定的な表現も、他意のない心で言わなければ、皮肉や嫌味に聞こえてしまいます。

他方、耳に痛い否定的なことばであっても、根底に「あなたは大事な人だから言います」という気持ちで話せば、相手に届きやすく、対等なかかわりを損なうことなく、関係がさらに深まっていくでしょう。

このように、どんなことばでも、混じり気のない心で相手のことを思って言うと、否定的なことばであっても、まっすぐに受けとめられ、受ける方も、自分の言い方やものの見方をより真実なものとすることを学べます。

「失敗」に学び勇気づけるための手順

する・したことに向けて、肯定的、または否定的なストロークをあげるときは、そのとき存在のレベルに、肯定のストロークが伝わるようにしたいところです。そのため、「**存在**」と「**する**」の二つのレベルに向けて、ストロークを組み合わせて発信するとよいでしょう。

具体的な事例によって考えてみましょう。

子どもが間違ったり、失敗したりした――例えばおねしょをしてしまった――とします。想像しやすいことですが、子どもはこの体験ですでに傷ついています。ですから改めて恥をかかせる代わりに、まず子どもから体験したことを話してもらい、それを受け入れましょう（これは「**存在**へのストローク」）。

それから、就寝前のトイレは何時だったのかを尋ね、その返事により、それが夜中にトイレに行くことになる理由の一つかどうかを一緒に考えます（＝「**する**ことへのストローク」）。「明日のためにどうしたらいいかな？」と訊《き》いて、自分で答えを見つけるのを待つのが望ましいやり方です。

これは失敗の痛みを共有する（＝「**存在**へのストローク」）として体験され、子どもは自分が主体であることを思い出し、勇気づけられるでしょう。子どもが自分のしたことで自信を失わず（「**存在**へのストローク」）、しかも明日までによりよい就寝準備ができる（「**する**ことへのストローク」）のを助けることになります。

これがストロークを組み合わせる例の一つです。ただし、また失敗することもあるでしょう。そういうときは嫌な顔をせず、前と同じようにかかわると、子どもは安心し、信頼して立ち直っていくことができます。

このように、**する**ことによって、上がりも下がりもしないことを体で実感しながら育った人は、大きくなって、自分の**存在**を否定する、または自分の力を超える破壊的な悪の力を感じたとき、相手から離れる決断ができるでしょう。そのように行動できるためには、「そうしてよい」ということを小さい時から折に触れて教えておくことが助けになるのです。

しかしながら、子どもが、まるで叱られることを望んでいるかのように見えることがあります。いかにそう見えようとも、子どもが叱られることを本当に欲しているということは考えにくいことです。ストローク不足の時、子どもはしばしば大人にむけて悪さを仕掛けてきます。それは『真のかかわりがほしい』というサインかもしれません。

もしその可能性を感じたら、子どもが、「さびしい」「かまってほしい」「見ていてほしい」など、本当の心のうちをまっすぐに伝えられるように、大人が上手にかかわることが求められます。こういうとき、「**組み合わせ**のストローク」が役に立ちます。まっすぐなことばで伝えられない子どもの気持ち（「存在のレベル」）を傷つけたり辱《はずかし》めたりしないように守りながら、何が必要なのかを聞いて、ことばにさせてあげることで、子どもは、「言っても大丈夫だ」とわかり、ことを歪《ゆが》めずに表現できるでしょう。

ストロークされた行動は強められる

前項で、「寂しくて悪さをして叱られた子どもが、また悪さを繰り返す」というパターンについて述べました。ストロークに飢えている場合、子どもはたとえそれが否定的なものであっても、求めてしまいます。子どもが、学校でいじめられている生徒からお金を持って来るよう言われ、嫌だと思っていても一所懸命にお金を差し出してしまうというのは、この原理によります。それは、寂しさから必死でストロークを求めているしるしかもしれません。こうした方法で認められて＝ストロークされて＝しまうと、その子は同じ行動を繰り返し、それを強めてしまいます。ストロークが全然なければ死んでしまうのですから、辛いストロークと分かっていても、やめられなくなるのです。

まっすぐにストロークを求め、与え、受け取る

大人たちがそれぞれ忙しくしていたある日の午後、五歳の子どもが部屋に入って来て、「誰か、かまってー。誰か、かまってよー」と言ったという話を聞きました。この子は、わざわざ叱られ

るようなことをしてストロークをもらうのではなく、自分からさびしいことを認め、誰かストロークしてくれる人を自分から探しに来たのでした。ストロークがほしい、という本来のニーズをきちんとことばにして、まっすぐに伝えています。これは正直な動き方だと私は思いました。ストロークなしに人は生きていけない——という真実が垣間見えるエピソードです。

こうしたことの一切から、人の存在やすることを認めることの大切さ、感情的には好きだとは思えない相手にも好意をもって接することの大切さが見えてきます。また誰かに愛されるとき、それを当たり前とするのでなく、愛されることを嬉しく感じ、味わうことも学びたいと思います。

そして大人には、愛していることが子どもに伝わるような形で愛することが求められています。

「子どもを愛するだけでは足りません。その子どもが愛されたと感じることが必要です」

これは、若者たちを愛することに長けていたドン・ボスコという教育者のことばですが、あらためて深く共感させられます。

ストロークは、飢えた体と心を養う

反抗期の反抗は、信頼と安心のしるし

子どもにとってはなにものにも代えがたいほど大切な「親」ですが、子どもは自分のアイデンティティーができてくる少し前ごろから、親に反抗するようになります。親にしてみれば『どの

角で曲がり方を間違えたのか』と思うような状況が起こってきます。

しかしこれは、子どもが一人の人格として自立していくために必要な変化であり、受け入れられる必要があります。子どもが反抗期に反抗できるのは、親や先生への信頼と安心があるしるしです。親や先生といった権威に対する怖れが大きすぎると、反抗期を反抗しないままに通り過ぎてしまうことがありますが、それは決して褒められることではありません。

親は、子どもが大切な時期を通っていることを念頭に置き、抵抗する子どもに対して、その子が受け取りやすいストロークを考え、提供することが大切です。子どもが、反抗しながらも「こんなに抵抗しても、親は見捨てない」「何をしても自分のことを大切に思ってくれる」と感じることができれば、それこそが幸せへのプロセスです。

その途上では、子どもの尊厳やプライドを大切にしながら、親も正直さと本音をもってあれこれと試していただきたいと願っています。本気でぶつかり合いながら、抵抗する子も抵抗を受ける親も心が広がり、いつの間にか新しいかかわりが始まっていることに気づく日を迎える――すばらしい成果といえるのではないでしょうか。

何はともあれ、小手先やテクニックを弄《ろう》することなく真剣にかかわり、正直な気持ちを伝えることが大切です。そうすれば、その一連の態度や表情で「あなたのことを嘘偽《うそいつわ》りなく大切に思っている」という非言語的な、存在へのストロークが伝わるでしょう。テレビの金八先生が、ことばでは厳しいことを言うのに、生徒がついてくるような場面が思い出されます。

郵便はがき

3550065

勝手ながら
切手をお貼りください

埼玉県東松山市岩殿
一一〇三―五一

(株)フリープレス関越事務所　行

子どもの「心」をつくる育て方

ご住所	郵便番号〒		
お名前		ご年齢　　歳	1. 未婚 2. 既婚
ご職業　1. 学生（中学・高校・短大・大学・各種学校）　2. 会社員（事務・工場）　3. 公務員（国家・地方）　4. 自営業　5. 農林漁業　6. 団体職員　7. 教員（小学校・中学・高校・大学・各種学校）　8. 主婦　9. 聖職者　10. その他（　　　　）			
ご在学またはご卒業の学校	1. 大学・高校・予備校・中学校在学中 2. 中学校卒　3. 高校卒　4. 短大卒 5. 専門学校卒　6. 大学卒　7. その他	ひと月の読書費	

ご愛読者カード

子どもの「心」をつくる育て方

このたびは本書をお買い上げいただきまして、ありがとうございます。
あなたと編集部を結ぶ通信欄として活用していきたいと存じますので、
ご記入の上、ご投函くださいますようお願いいたします。

〔1〕　この本を何でお知りになりましたか

1. 新聞広告（新聞名　　　　　）　2. 雑誌広告（雑誌名　　　　　）
3. 新聞、雑誌の書評、記事で　4. 人にすすめられて
5. 書店で　6. その他

〔2〕　この本を読んだご感想をお聞かせください

〔3〕　教育関係のテーマで取り上げてほしいものがありましたら、いくつでもけっこうですのでお書きください

〔4〕　その他、ご意見ご感想があればお聞かせください

〔5〕　フリープレスの刊行物についての資料が
（A ほしい　　B 不要）

⦿どうもありがとうございました

そのストロークは、ニーズに適ったものなのか

ストロークは、受け取る人の好みやニーズによって、その価値が変わってきます。一つの例として、小さい時もっと抱きしめられる必要があったのに、そうしてもらう機会が足りなかった人は、試験でよい点を取ったことを褒められてもあまり嬉しくない、というような実例があります。それは、この人がほんとうにほしいストロークは十分抱きしめられることなので、それ以外のストロークには冷淡になってしまうからです。

　このような時、大きくなった子どもが実際に抱きしめてほしいかどうかはわかりません。それより、今どういうことを望んでいるのかは、対話を通して聞き取ることができます。これは、ほしいストロークが、「身体的または精神的刺激」、それも「この人のニーズへの答え」であるためです。「聞かれたことにまっすぐに答えない」「頼まれたことにはっきり返事をしない」「靴がほしいと言っている子どもにすてきな服を与える」などは、相手の必要に応えていない「刺激」です。人が求めているストロークが〈心の飢えを満たすもの〉であることを考えると、相手がほしがっている、または必要なものに対して、はぐらかすことなく答えるよう心がけたいものです。

　こうして早くから変わらない愛と真実味のあることばで反応され、ストロークされることを繰り返し体感しておくと、その人の中に「試練に耐える力」が蓄えられます。人生で苦しいことに出会っても、この底力を支えとして、成長していくことができるでしょう。

　また「子どもは大人の所有物ではない」ことからくる寂しさを、子どもも親も、ともに安心し

て受け入れることを学んでおくと、ふとしたとき、尊厳と対等の感覚を深めることになるでしょう。

参考文献

―鹿島和夫、灰谷健次郎著　**一年一組「せんせいあのね」―子どもの眼、子どもの心とカメラの学級ドキュメント**　理論社　１９９６年

―（3）**「TA Today」**―最新　交流分析入門

―トニー・ティルニー著　深沢道子監訳　**「交流分析事典」**　実務教育出版社　２０１３年

Ⅳ

コミュニケーション——いのちを支えるエネルギー

人格を大切にし合う文化の形成に向けて
「あなたがそこにいるのを、知っていますよ」

ストロークの交換で成り立つ心の交流

家族、グループ、コミュニティーには、コミュニケーションがとても大切です。コミュニケーションは、「あなたがそこにいるのを知っていますよ」というメッセージであるストロークを交換することで成り立ち、それを続けることによって相互の人格を大切にする文化が育ちます。

しかしまた、コミュニケーションには、思わぬ誤解とか困難が感じられることもあります。ここでは、さまざまな問題にＴＡの理論がどのようにかかわるかという視点から、コミュニケーションを考えていくことにしましょう。

1　「健康な」コミュニケーション……裏表のないことば、憶測や勘ぐりがいらない会話から、安心が生まれます。バーン博士はこのような会話について、「意味することを言い、言ったことを意味する『火星語』で話す」と説明しました。これには、地球語が汚れてしまったという意味が含まれています。子どもが、感じたことを言っても罰せられたり軽蔑されたりせず、聴いてもらったという満足感を得るなら、その経験を重ね、虚飾やへつらいのない安心と平和を愛する心が育っていくでしょう。それは社会にも影響してゆきます。

2 「複雑」な、難しい状況を招きやすいコミュニケーション

……それにしても、コミュニケーションに難しい面があることは否めません。それを具体的に考えてみます。

嘘《うそ》の混じったことばと本当の話と

話が難しくなる原因の一つに、社会での職業とか才能についての誤った考え方があると思います。

（混雑した店で）「ちょっと、いつまで待たせんのよ！」

「わたしバカだから」「あなた頭がいいから」「うちの豚児が……」「私はもうおばあさんだから……」などはよく聞かれることばです。

年齢や役割、学歴や貧富の差、職業などによって、人の品位が上がったり下がったりすることはあり得ません。また本心からバカだと思われたい人もいません。見下げるとか、へつらうなどの意図を秘めた会話は、偽りを含んでいます。こうした言い方は、気づいたときすぐに止め、ほんもののことばに変えていきたいものです。

また好きな人から逃げてしまったり、好きだと思う人に「嫌《きら》い」と言ったり、できるかどうか

疑わしいのに「できる」といったり、怒っているのに笑ったりするのも、偽りを含んだコミュニケーションです。これらは感情の捻じれた表わし方ですが、もしかすると、子どものとき身につけた〝生き延び戦術〟の名残りかもしれません。幼い頃、本当のことを言って笑われたり、いじめられたりすると、本当の気持ちを言う勇気がくじけてしまいます。また正直な思いを口に出して傷つくことを恐れ、自分を守るために何も言わずに気持ちを心の中に閉じ込めてしまう、本人に言わず他の誰かに話す、または嘘を言うことも考えられます。

いずれにせよ、自分の中で本当の感情を押しつぶし、偽りを言うなどして、本人の中に不快感、恨みつらみが生まれ、かかわりに影響を残す可能性が考えられます。

本当のことばで話すことを教えるのは、まず親（養育者）であり、家庭です。親は、広い視野をもって一人ひとりの子どもの異なる性質や経験や主張を受け止め、まっすぐなことばで温かい会話をしながら、家族全体の中に『良い関係』を育てることができます。そうすることによって、誰にとっても家が『安心の場』となるに違いありません。

嘘をつく子どもと向き合って

とはいえ、小さい子どもが思わず嘘をついてしまうのは、よくあることです。年齢的に嘘を言う時期を通っているケースもあれば、『愛されるためには、親が望む〝いい子〟になり、気に入られなくてはいけない』という思い込みから、嘘を言ってしまうこともあります。

そのようなケースでは、気づいた親が、「失敗しようが、嘘をつこうが、変わらず愛している」ことが伝わるように、「嘘をやめて大丈夫」というメッセージを与えることが大切です。普段からこういうとき口にすることばや表現を考えておくことには大きな価値があります。

私には小三のころ、今でも忘れられない嘘をついてしまった経験があります。友だちの家で遊び、家に帰ったとき「遅かったわね」といわれ、とっさに「先生のお手伝いをしていた」と言ってしまったのです。嘘はすぐにバレましたが、自分の心の痛みと後味の悪さを、今も鮮明に思い出すことがあります。

子どもの嘘は親にとって、「子どもが本来持っている真実を愛する心を信じ、子どもに真実を口にする喜びを伝える」好機だといえます。このようなときにこそ、「人は誰でもその存在において尊敬に値する」という価値観を基にして、「あなたが嘘をついても、あなたのことをいつも大切に思っている。もう嘘はつかなくていい」としっかり伝えていただきたいのです。それを聞いた子どもは、『本当のことを言っても大丈夫だ』ということを悟るでしょう。子どもが、嘘をついた自分の弱さに直面して苦しいそのときに信じられ、愛されているという体験を通ることによって、それを確信できるようになるのです。家とはそういうところだと思います。

関係が難しいときに絆《きずな》を深める

子どもが嘘をついたり悪いことをしたりして、大人が気分を害したとしても、軽蔑したり切り捨てたりせず、子どもの存在自体を信じ、見失った糸口を探すことは、実践し続けたい「よい選択肢」だと思います。

　時として、どうかかわったらよいかわからない子ども（時には大人も）が、家族の中に出現することがあります。一時的な反抗なのか、関係の中にできたひびなのかは、すぐにはわかりません。でもそういう時に、返事をしようがしまいが、その子、その人に声をかけ続け、戻ってきたら何をおいてでも受け入れるのは、望ましいかかわり方だと思います（映画監督の山田洋次さんが、「寅さん」「おとうと」などの作品でこのテーマを取り上げています）。

「家に入ったら平和の挨拶をしなさい。もし平和の子がその家にいるなら、平和はそこに留まる。もしいなければ、平和はあなた方の所に戻ってくる」という聖書のことば（ルカ10—3〜4）があります。挨拶に返事がないのは苦しいことですが、平和を願ってした挨拶なら、家という点や線ではない場を得て、このことばの意義が実感できる日が必ず来るといっているのではないでしょうか。

　また、子どもがしてはならないことをし続けるようなときに、「それはしてはいけないこと」と全身全霊をこめて叱るなら、その子どもに、メッセージと同時に「あなたの人間としての人格（存在）を信じているから『大切なこと』を言います」という気持ちも伝わるでしょう。

　言うまでもなく、たとえ真実であっても否定的なことばを正面から告げるのは、やさしいことではありません。そのためにも普段から子どもの気持ちに近くいるために、心してかかわり続けておくのはよい準備です。それなしには子どもが孤独に耐えられず、悪い方向に引きずられてしまうことがあります。

そこで、今と思う時がきたら、まっすぐなことばで話してください。そうすることで心が通じます。そしてその時間が終わったら、子どもに「大切に思っている」「信じている」ということをさりげなく示しておくことが、真の親しさに近づくプロセスの大切な一歩となります。

このような言動には勇気がいりますが、鍵となるのは「愛」と「信頼」、そして「祈り」です。「聞き取ってくれますように」と、自分の願いを一言祈ってからことばをかけると、言った人も、それを聞いた人も、傷つきません。私自身は言いづらいことを言わなくてはならないとき、まず「聖霊来てください」と祈ります。聖霊は言う人も聞く人も助けてくださるからです。また心の中に嫌な感情を残さないよう、聖霊に助けを願うのもいい方法と言えるでしょう。

それら一切が無駄のように見えるとき、ひたすら祈る、そして待つ、何年でも祈る、待つ……この子ども、この人、を信じる。そして待つ。毎日、相手の真の幸せを新たに願いながら……多くの場合、ある日突然、相互交流の糸口が与えられる、と私は確信しています。

本当のことばは相手の心に届く

本当のことばは時には聞き入れづらいものです。私自身の体験ですが、中学生だったころ、祖母がいろいろ言うのをうるさいと思い、耳を手で覆って聞かないふりをしていました。もちろん手をちょっと空けて聞いていましたが)。そんな時、祖母は必ず私に言いました。「今は聞かなくてもいい。でも大きくなったら思い出すでしょ。そのときにやってくれればいいわ」。私は面倒くさいと思いながらも、祖母が私のことを思って言ってくれていることを知っていましたし、私を追い詰めずにいてくれることもわかっていました。耳に痛いことばであっても、愛情をもって語られる真実のことばは相手の心に届き、その人は本来の自分になることができます。

こういうかかわりは、「親密さ」という〈人と人との出会い〉です。それはどんな家族であっても、互いにとっての支えとなり、深いレベルでのつながりとなります。そうした絆が時空を超えて家族の心を結び付け、一人ひとりが味わった親密さが、家族以外の人々との関りにも伝わり、影響していくのです。

破壊的なことばと理論——「値引き」と「ゲーム」を考える

3 心が通じないコミュニケーション……ことばは一度聞くと記憶に残ります。しかし最近は「うざい」「死ね」などと人格を全否定するようなことばや、希望を失わせるようなことばを耳にすることが増えました。ことばは人に生きる力を与えますが、一方、死の方向へ押しやる力もあります。暴力的なことばかりでなく、人前で叱る、怒鳴る、叩《たた》く、顔つきで軽蔑を表わす、眼を合わせない、第三者がヤジを飛ばす——などは、人間の存在に対する威嚇、脅迫ともなり、相手の心にだけでなく、自分にも傷を残します。こうした破壊的なことばや態度をＴＡでは「値引き」（ディスカウント）という概念で把握します。

値引きされた買いものをしたときは、得をしたような気になるものですが、心理的な値引きも、得をした感じを伴います。けれども、ＴＡで言う「値引き」とは、「自分自身、他者、もしくは現実状況が持つ何らかの側面を、見くびったり無視したりするなどの行動に現われる内的メカニズムの一つ」ですから、人の人格や存在への尊敬を失わせ、問題は解決されずに残るうえ、自分の解決能力をも下げてしまいます。

そのようなマイナスを避けるためには、値引きをしたと感じたら、やめます。相手から感じたのなら、一対一の場を作り、やめるようことばにして頼むのがよい方法です。それは新しい値引きを引き起こさないための対応です。

値引きを体験した人は、自分が受けたのと似た値引きを（自分より弱い、または不利な立場の人に向けて）行い、負の連鎖を作り出す可能性があります。ですから、個人としても社会としても、値引きの破壊力に気づき、力を合わせて、値引きをなくすよう取り組まなければなりません。

「値引き」で捻《ね》じれていくコミュニケーション

以下、私の作った会話を使って、ＴＡでいう「値引き」の混じった、心が通じなくなるコミュニケーションの例をいくつかご紹介します。

値引きの例1

Aさん「ねえねえ、○○ちゃんのお父さん転勤が決まって、転校するんだって」

Bさん「あら、知らなかったの？」

Aさんには競い合うつもりはなかったのに、気がつくとそういう関係になっています。この例では訊かれていない問いに答えることで、コミュニケーションがややこしくなりました。

値引きの例2

Aさん「あなた強い香水を使うのね」

Bさん「あなたの服装も相当変わっているわよね」

いきなり香水の種類に否定的なコメントは唐突ですが、似たようなことばでぱっと打ち返すような反応も関係を悪くします。体や服装についての助言はデリケートな問題です。相談されたときに、「私はこういうのが好きだけれど……」と、自分を主語にして言うなどの一工夫で、考えを誤解なく伝えることができるかもしれません。

値引きの例3

母「このスープ、味どうかしら？」

子「フツー…」

母「普通って、どういうこと？」

子「べつに……」

子どもたちが問いかけにまともに答えないクセは値引きです。ですから、できるだけ早く値引きをやめるよう上手に導きたいものです。

値引きの例4

大人同士の会話で、返事をしなかったり、「冗談だよ」とか「ユーモアがわからないのね」などと言ってはぐらかしたり、からかったりするのも、値引きです。こうした「からかい」は愛を冷やす行為です。反対に、相手を自分と対等で大切な存在と認めることばからは、親しい関係が生まれます。身近な大人たちのかかわり方から、子どもたちが値引きをしないかかわり方を学ぶことができたらすばらしいことではないでしょうか。

値引きの例5

次は、失敗から陰で人の能力や存在を否定的に評価してしまう例です。

Aさん「Cさんたら、銀行で数を一桁少なく打ってすごく大変なことになったんだって……」

Bさん「あいつ間抜けだから、何やらせたってだめだよ」

失敗は、そこから学ぶ貴重な機会です。そのためには、失敗や過ちがその人の品位を下げず、どんな人にも大切な明日があることを理解する人々の、温かい反応が大切です。失敗しても支えられ、そこから学び、成長できるような社会でありたいと思います。

値引きの例6

次は問いのポイントをずらして答える――いわゆる答えていない例です。

A君「ママ、僕の靴、洗っといてくれた？」
ママ「ママにそんな時間があると思うの？」
ママは、自分が忙しかったことは言っていても、A君の問いには答えていません。こうしてママは、問いと、問いを発したA君とを同時に値引きしてしまいました。まず、問いに対して「洗ってない」と答え、それから時間がなかったことを言い、約束が守れなかったことを詫びる――というのが、コミュニケーションとしては普通の順序です。

値引きの例7

過干渉という値引きのケースもあります。
例えば、日常的によくある場面ですが、風邪をひいた子どもが、お母さんに連れられて診察室に入ったときの医師との会話。
医師「こんにちは」
子ども「……」
親「○ちゃん、ほら先生に『こんにちは』でしょ？」
子ども「こんにちは」
医師「喉が痛いの？」
子ども「……」
親「…昨日から喉が痛いのね」

医師「喉を見るから、大きく口をあけて」
子ども「注射するの？」
親「注射はしないわよ、口をあけるのよ、ほら、あーん！」

　子どもはほとんど自分の症状について答えていません。普段も、こうした緊張の瞬間にも、子どもは自分で答えたくてもことばにするのに時間がかかるものです。待ってあげることで、子どもは値引きされず、「自分」になってゆけるのです。

値引きの例8

　次に、子どもが失敗したとき、そのことにめげず成長し続けられるよう、大人が一工夫するとよい場面です。

子どもＡ「ママ、これ、こわれちゃった……」（と玩具を見せる）
母さんＢ「おととい買ってあげたばかりなのに……」

　お母さんがそう言いたい気持ちはわかりますが、子どもがこの体験から「失敗したけれどこれが学べて良かった」「次からはこわさないやり方を考えてみよう」と思えるようなかかわり方が望ましいところです。

　であれば、お母さんが一緒に、この玩具のことを調べたり学んだりする姿勢を持つことで、失敗を責める代わりに、子ども自身が当事者としてその原因究明のプロセスに入る機会を得るよう導くことになり、失敗を利益に転じることができそうです。

引きずられて起こる「ゲーム」

右に、値引きが〝ねじれたコミュニケーション〟を生み出す事例を見てきました。そのような事例が展開した結果、いくつかの道筋とかパターンが出来てくることがあります。これに気づいたバーン博士は、その現象を「ゲーム」と名付けました。コミュニケーションに起こるそうした不思議な現象を、ＴＡがどう理解しているか、以下にご紹介します。

これは当時のコミュニケーション理論のなかでは画期的なもので、日本でも一九六七年に『人生ゲーム入門』（原題『Games people Play』（一九六四年）というタイトルで刊行され、世界で六百万部のベストセラーとなりました。

ゲームなどと聞くと、野球とかサッカーのようなスポーツやテレビゲームを想像されるかもしれません。バーン博士が使ったこのことばは、「良い気持ちで始めたコミュニケーションが途中から捻じれる現象」「不思議な後味の悪さを残すやりとり」を指しています。日本語では「駆け引き」という語がそれに当たるかもしれません。

よい気持ちで始めた会話が、最後には「それならもういい！」といった、捨てばちなことばや破壊的な態度で終わるなら、それはゲームに入っていたのだと理解されます。それは双方に、『え、またか……　どうして私にはいつもこういうことが起こるのだろう』、または、『あの人は（意識していないと思うけど）嫌なことを言うわね』というような「腐った後味」が残り、また繰り返されるのが特徴です。

　これは、「素直に肯定的なストロークを求めても、期待したようなものは貰《もら》えない」と思いこんでいる人が繰り返し陥りやすい感覚のようです。嫌な感じを味わったのに、また無意識にストロークを探してゲームを繰り返し、結果的に人との交わりを苦いものにしてしまうのが特徴です。ですから家で、学校で、町で気軽に気持ちよいことばをかけあったり、何かを一緒にしたりするなどは、ストロークを増やし、ゲームをしないですむ効果的な方法になると思われます

ゲームの実際

ゲームに参加する当事者たちは、「**犠牲者**」「**救助者**」「**迫害者**」のいずれかの役割からゲームを始めます。しばらくするとゲームの参加者は途中で役割を切り替え、「どうしていつもこういうことになるの？」などの混乱を体験し、最後に「**報酬**」として嫌な感情（例えば、相手を責めながら仇を討ったような気持ちと、同時にどこか心の奥底に隠された罪悪感）を味わいます。

　そしてゲームに参加した人それぞれが、例えば「私はＯＫでない。あなたはＯＫでない」という「人生の立場」を確認するという、歪《ゆが》んだダイナミズムを持っています。

ゲームの種類

　次は、たくさんの種類がある中からバーン博士が最初に見つけた、ゲームの例です。「はい、でも」というゲームと「こうしてみたら」というゲームとが絡み合っています。

Aさん「今度の週末、どこに行ったらいいかしら」
Bさん「水族館は？」
Aさん「先月行った」
Bさん「じゃあ、○○山に山登りは？」
Aさん「お天気がどうかしら。ちょっと気が進まないわ」
Bさん「それなら映画はどう？」
Aさん「この間行ったばかり」
Bさん「なら勝手にして！」
Aさん「あなたに訊くだけ無駄だったわ！」

いい気持ちで会話を始めたのに、善意が報われず、最後は喧嘩になってしまいました。Aさんはアドバイスを聞いても受け入れず「**はい、でも**」と繰り返し言っています。その結果、「私の気持ちはわかってもらえなかった」「あなたのアドバイスは役に立たない」と、**犠牲者**の立場から**迫害者**の立場へと切り替わり、失望や相手への怒りを感じ、表わしたりします。

相手であるBさんは「**こうしてみたら**」というゲームに入り、**救助者**の立場から、助ける努力をしてもできなかった罪悪感や劣等感を抱いて**犠牲者**となります。そうして結果的にはそれぞれが「自分はＯＫではない。相手はＯＫではない」という**人生の立場**を確認してしまいます。

これらは「**はい、でも**」と「**こうしてみたら**」という名で知られているゲームです。こうした会話が始まったことに気づいたなら、「助けなければ」と慌ててアイデアを差し出す代わりに、まず「あなたはどういう所を考えているの？」などと訊いて、相手の答えを待ってから、一緒に考えるのがよい方法です。それは相手に答える力があると信じているし、見下げていないしるしとなり、ゲームに入らずに済みます。

値引きやゲームが始まりやすい行動のいくつか

こうしたことが始まると、ゲームになりやすいので、もしこういう行動をしていることに気づいたら、自分なりにできる対策を考え、それらを試して変えてみるとよいでしょう。

そのとき、自分の心が何を感じていたか振り返り、例えば「早く助けなければ」「私が答えないとこの人が可哀想だ」などと、上下の感じを含む感情をもっていたことに気づいておくと、それに対処できます。

振り返りの延長上で、相手が自分と対等であり、助ける代わりにその人が自分で答えを見つけられると信じることに気づいて留まるなど、できることから始めるとよいかもしれません。

＊人のうわさや欠点を言いふらす。
＊時間に遅れてくる。
＊約束したことを忘れる。
＊尋ねられている問の一部に答える。
＊ひとに返事をしない。
＊何人かいる人々の中で一人の人とだけ話す。
＊人と人を比べる。
＊尋ねられてない問いに答えて話す。
＊感謝の気持ちを表わさない。
―　などがあります。

ゲームのひとつとしてのいじめ

4　いじめの問題……ゲームの一つである「いじめ」について考えてみましょう。いじめられている子どもが孤立し、最後には自死を選ぶ事例が報じられるようになって年月が経ちました。最近ではそうした例が小学校低学年に及び、あどけない子どもが自死に奔《はし》るまでになっています。

　子どもがいじめに苦しむ状況は、大人の私たちに深く問いかけています。社会としても個人としても、何とか答えねばならない差し迫った問題だと思われます。

「いじめ」は、転校生など新しく加わったメンバーである、自信がない、友だち作りが下手、突出して成績が良い（または）悪い、魅力がある、不器用である――などの特質を持つ一人の人がターゲットにされることが多いようです。特別な理由もなく突然のようにいじめのエネルギーが、ある一人に向かって噴出するケースも、一定数報告されています。

　多くの専門的研究がなされている現象ですので、ここではＴＡの「ゲーム」という視点、および「教育」という視点に絞って考えてみます。

ゲームの視点から

　いじめる子どもも、いじめられる子どもも、傍観している子どもも、三者三様の寂しさを抱えていると思います。いわゆるストローク不足がそうさせているのです。本当は、心からいじめたい子どももいじめられたい子どももいないのに、どうしていじめが絶えないのでしょうか。勉強時間が増え、塾にもいかねばならないなどの事情から、日々、心が幸せになる会話、遊びなどの温かいかかわりの時間が少なくなっているという現実が関係していると思われます。それに加えて最近では、〝成績が良くなることが良い学校に行くために必須の条件であり、人間どうしのかかわりよりは成功とか競争が大事〟になっているようです。

これは近頃の大人も子どもも知っている状況です。ですから心を枯渇《こかつ》させてストローク不足になりがちな状況を生きている若者たちも、周りにいる大人も、新しい角度から良いストロークを増やす工夫をすることが求められています。

そこで思い出したいのが、単純に刺激に反応する対処法がもたらす「良い効果」です。たとえば、出会ったら「こんにちは！」「元気？」「どうしてる？」などと声をかける、また「こんにちは」という挨拶には「こんにちは！」と答える――などです。それだけでも心が少し元気になるのではないでしょうか。そしてここでも、大人が子どもの生活にできるだけ近くいて、子どもの興味に関心を持ち、少しでも会話ができるように心を使って生きることが勧められます。

教育的視点から

先生方の第一の使命は子どもたちの教育です。忙しすぎる先生方が、何とか普通に生きることができる環境を作り出したいものです。また社会全体が協力して、子どもたちに絶対的に必要な量のかかわりの機会を確保するよう工夫することも必要です。

子どもが大人の保護を求められる社会であるためには、子どもが、「いじめられている」とか「無視されている」というようなことを話せば、聞きとめ、心して守ってくれる大人たちがいることが大切です。

子どもが、苦しいことを苦しいと言えるためには、子どもと大人との間に信頼と対等性に基づく関係が必要です。大人は想像力を使って、子どもがそういうことを打ち明ける時の緊張感、罪責感、孤独感、恐怖感などを受け止め、信頼を裏切らないことが肝要です。

学校の立場に忖度《そんたく》して、いじめがあったことを認めるのが困難になってきているという状況が、メディアでも取り上げられています。そうだとしても、ここには命がかかわっています。いじめがないかのように扱うことで、結果的にいじめを助長することにもなりかねない緊急な状況の中から、自死していく子どもを救い出す必要があります。

また最近、家での虐待、ひきこもりや殺傷事件に至る「孤独な人々」の存在が、社会の深い関心事となってきています。ここではとくに取り上げませんが、これらによって、弱者に対する社会全体の姿勢が問われているのではないでしょうか。

忘れずに心にとめておきたいのは、いじめや無視などが報告されたとき、または子どもの様子からそれに気づいたとき、大人も、そのことに関係している子どもたちも、常に「加害者」にも「被害者」にもなる可能性を持っていること、人間は誰でも弱く、ときに失敗や罪に陥りやすいものであるということです。それぞれに心をかけてかかわる必要があります。

また、弱いものであるにもかかわらず、信頼され、愛されるに値するのが人間です。どんな人も、存在を大切にされ、忍耐強く聴いてもらい、かかわり、教え導いてもらうことによって、少しずつ成長します。それぞれの個性を認め、互いに敬意をもってかかわることを大切にしたいと思います。

それが当たり前とされる共通認識が家族や学級の中で育つなら、子どもは真の意味で強くなるでしょう。成長して初めて経験する複雑な人間関係や社会的立場の違いなどを自然体で受け止め、柔軟に対応する力を発揮するに違いありません。

これらのことを、子どものときから習えたら、いじめは少しずつ減っていくのではないでしょうか。

いじめに気づき反応することの大切さ

一人ひとりが、身近なところで実際に起こる「一見小さな出来事」に辛抱強く向き合い続けていくうちに、諦《あきら》めがちな私たちの心に希望の種が撒かれることがあります。そして今すでに、自分と互いを大切にしながら連携していく道を探す人々がいて、新しい可能性が静かに芽を出していると感じます。

次の例は実際に起こったことです。語ってくださった方々の許可を得て、部分的に詳細な事情を変えながらご紹介します。

――ある女の子が学校でいじめに遭《あ》って帰ってきたときのことです。子どもの様子がいつもと違うことに気づいたお母さんは、「何かあったの？」と尋ねました。子どもがやっと勇気を出して事実を話すと、お母さんは子どもの承諾を得て、学校の先生と連絡を取りました。対処に困っておられた先生とお母さんは協力して知恵を絞り、翌日、先生が積極的に動いて、関係していた子どもたちから本当のことを聞き出しました。いじめた子どもは、先生の励ましと支えを得て、この女の子に謝り、問題は気持ちよく解決しました。この先生は一切が終わったとき、クラス全体をさりげなく褒めて支えました。――

この保護者がいち早く子どもの様子に気づいて声をかけたことは、すばらしい動き（対応）でした。これは、普段から親と子、先生と親との間に信頼関係ができていたことに加え、その子が親の問いに答えて時間を置かずに真実を話せたこと、それにつなげて先生と親と子どもが相互信頼の下に話し合い、安心して協力できた、などの要因が重層的に作用しあって、円満に解決できたと言えるでしょう。

もう一つ、これは小学校二年生の男の子、A君の例です。

――A君は、同じクラスに転校してきた子がいじめられていることに心を痛めていました。ある日、A君は勇気を出して転校生に「一緒に帰ろう」と声をかけ、以来ときどき、二人で帰るようになりました。しばらくするといじめは終わりました。後になって、その時声をかけられた男の子は、「A君が誘ってくれたときは本当に嬉しかった」と話していたということです。A君が、疎外されている友達の状況に関心を持っていたことが、力強い助けとなりました。――

もちろんいつもこのようにうまくいくとは限りません。現実にはなかなか難しいことかもしれません。だからといって諦めてしまったら終わりです。視線を向け、気づき、かかわることなしに可能性が開かないことも確かです。

祈り

5 祈り……最近気づくのは、東日本大震災以来、他人のことを思う心と祈りが社会に浸透してきていることです。災害にあった方々の所に行って親身になって後片付けをし、救援物資を運んだりするボランティアの方たちは、悲しみと無力感の真っただなかにいる人の現実を「自分と関係あるもの」と受け止め、この方たちと遠くにいる善意の人を結びつける行動を起こしました。その行動は、絶望的な状況において人と人、心と心を結ぶ祈りの姿ではないでしょうか。

日常的コミュニケーションの一要素

東日本大震災や熊本―大分地震、鳥取や福岡など西日本各地での大水害、北海道の大地震など、その後の災害発生のたびに被災者のもと——現場——に駆けつけて救護・救援に貢献される方々に、それを感じます。やなせたかしさんの「アンパンマンのマーチ」が被災地に流されて、子どもも大人も勇気づけられた、と知りました。これも祈りの一つの形と思われます。ご自分の戦争体験を核にして、空腹や、不当な扱いに苦しむ人々や子どもたちのことを思いながらこの歌を書いたと言っておられるやなせさんの気持ちが、祈りとなって心に届くのです。

被災地に出かけて行った大勢の人々の中に、オリヴィエ・シェガレ神父がおられます。彼が四歳のとき、生まれ故郷・フランスのルアーブルがノルマンディー上陸作戦の戦場となり、町全体が一晩のうちに廃墟となりました。叔母に手を引かれたオリヴィエ君は毎日、墓地化した瓦礫《がれき》の山の上に立てられた数えきれない十字架を訪ね、その一つひとつの前で祈りました。この体験は、彼の現実を見る目と心を養いました。

やがて司祭となったシェガレ青年は、五十年前、日本に来ました。その彼は東日本大震災に際して、たびたび被災地に赴き、ボランティアとして被災者の苦労を一緒に味わい、夜は若者と体験を分かち合い、共に祈りました。

彼の著作に語られている過去のエピソードと彼の現在の行動とのつながりを思うとき、小さい子どもにも〈苦しみの中にある人々に心を向け、祈ることの大切さ〉を教えることの意義を、深く考えさせられました。

こうした多くの人々の行動を考えるとき、そこに共通するのは、誤解や差別のないまっすぐなコミュニケーションです。日常の交流の中で培われた人間らしい心の溢《あふ》れが祈りとなり、次世代を育てる力となって、今、私たちの中に広がってきているのを感じます。

弱いものである自分

　不安や怒りや悲しみなどを感じたら、小さい子どもは、親たちや家族に聞いてもらうのが普通です。けれど大人になると、そういう人がそばにいるとは限りません。また、必ずしも信仰の対象でなくても、多くの日本人は故人の写真に話しかけたりします。その人が聴いていてくれるように感じるからだと思います。この心の動きなど——そうは意識されないとしても——実は祈りに近いかかわりと言えるのではないでしょうか。河合隼雄さんはこうした姿勢を「宗派によらない宗教性」と書いていますが、確かにどんな人にもある体験のように思われます。私の場合、たとえば人を無視したり、意地悪な返事をしたりしたと気づいたときは、「神さま、ごめんなさい。悪いのは私でした」と言い、神さまの優しさのなかに留まります。すると次第に緊張がほどけ、赦された実感に満たされます。時には、嫌だと思っていた相手を赦す気持ちが湧いてきて、私の中で何かが変えられるのを感じます。そして当事者に謝る勇気も湧いてきたりします。

　また、嫌なことを体験した後は、祈りの中で、神さまに向けて「こんなの、ひどいでしょ」「大嫌い」など怒りのことばを口にします。私たちよりもはるかに高い、または深いところから聴いていてくださる存在は、直接人には言いにくいことばを発する私の心の、さらに奥にある本当の気持ちや意味をわかって、誤解なしに親身に聴いてくださるに違いないと思っています。さらに、聞いていただくだけでなく物事を違う観点から見ることへと導かれるのを感じます。

　このような「赦される体験」は、人が自然に親になるのを準備するといわれます。それは、赦すという営みが「親」というものを一番端的に表わすことばだと言えるほど、子どもに必要なかかわりだからでしょうか。それを味わった人、即ち「赦された人」はいつか「赦す人＝親」へと成長してゆくと思います。そして時には神さまが「そうか、そう感じているんだね、わかったよ、私はあなたのそばにいる」と言ってくださるような気がします。

　ある人が言っていました。「神さまが私たちに向かって祈っておられる」。はじめはびっくりしましたが、次第にわかってきて、『神はどんな人に向かっても祈っておられるに違いない』と思うようになりました。もちろん、「嬉しいこと」「よかったこと」を神さまに話す祈りもします。すると、幸せを味わったときに「うれしい」「あなたはいい方です」「ありがとうございます」などの科白《せりふ》が、口からこぼれ出ます。祈りは神と人との間だけでなく、人と人との信頼関係をも生み出すもののようです。

祈りへの答え――実感を味わい直す

　祈りのなかで、「助けて！」「どうしたらいいの？」「神さま、あなたはどこにいるの？」「答えてください！」などの呼びかけや問いかけをすることもあります。真実な聴き手であるなら、願い事を聴きっ放しになさるはずがありません。そうはいっても、祈りへの答えは、すぐには返ってこないのが普通です。そういうとき（特に、困難な体験をしているとき）、私は心の中で、「あなたは必ずよくしてくださる」と、神さまと自分とに言い続けます。言い続けることで、知らぬ間に自分も人に「よくする」力をいただくような気がします。またこうすることで、いつの間にか心が落ち着いてくるのを感じます。もちろん、私の叫びに答えのないこともあります。そういうときは、「その方は、私の代わりはできないが、共にいて私に力を添え、中から一緒にこの困難を耐えてくれているに違いない」と思い、そしてそうだと感じることがあります。こうした体験は、不思議と長い間、信頼の感覚として身体の中に残るものです。

　ある日、次のことに気づきました。こういうことをことばにして聴いてもらったことは、子どもとしての私たちの心を支え、**子ども**の**自我状態**が影響を受けます。また人間に話した場合、聴くという行為を通して、聴いた人は価値観が広がり、**親**の**自我状態**が影響を受けますが、その結果、一人になってからも（聞いてもらった人も、聞いた人も）、実感を味わい直すことが可能になるのです。

　祈りの体験もこれと似ています。このように本当の気持ちをことばにし、また神さまや仏さまの答えを待つ祈りを続けると、次第に、人間同士の間柄でも、自分や他人に、耳と心を傾けて聴くことができるようになるのではないでしょうか。それはこの人の**成人**の**自我状態**に影響を残すでしょう。ですから祈るとき、神さまとか、仏さまとか、自分の心に近い存在、自分を大切に思い、相手となってくれる、たとえば亡くなった親や恩師など、誰かに心を開いて語りかけ、その相手がどんな答えをしてくれるか、心を傾けて聴くようにしたいと思います。

繰り返しますが、祈りによって人は成長し、またその対象と私たちの間柄がより親しいものになることによって関係が深まります。同時に自分自身との関係を温め、見方を変え、心を拡げます。まわりの人々と協力する力が増えれば、「温かい社会」が育っていくことにもなるに違いありません。

子育ての日々の道づれ

子どもの養育に携わっている間の日々、祈りを捧げることで、親の中に「安心」が育つのではないでしょうか。朝起きたとき、目に見えない、自分を超えた何か（または誰か）に向けて、「今日も一日○○（子どもの名）をよろしくお願いします」と語りかける、などはその一例です。

「私」と「子ども」が毎日常に一緒にいることは不可能ですから、祈りによって、心で子どもにつながっていられることは大きな喜び、とても嬉しいことではないでしょうか。また子どもとかかわる中で、『自分がどうしてよいかわからない』『子どもの心が見えない』『子どもに疎《うと》まれているのではないか』と思うようなとき、祈ることだけは続けられると考えてみてはどうでしょうか。心が離れてしまったと思えても、祈りはその子に届くと信じます。

神が、ひとりぼっちだと感じる私たちを忘れることなく傍にいてくださるように、祈ることを通して、私たちも子どものそばにいることができます。私も、かかわっている方たちに何もできない状況下では、無力なまま神に祈り、私の心や祈りをその方に届けてくださるようお願いすることにしています。

また特に神仏を信じているわけではないと思っていても、どうしても守りたいと思う人たちのことを、『自分に代わって守り導いていただきたい』と願って捧げる祈りは、必ず届くと思います。ある神父さんが、「若い親がまだまだ幼い子どもたちを残して死んでいくとき、その親は、子どもたちが永遠に至るまで日々必要とする恵みを祈りながら亡くなっていく」と語ってくださいました。それ以来、親を早く亡くした私には、親の祈りと守りが実感され、このことばは強い支えとなりました。

浄土宗には、「回向《えこう》」（回転趣向という仏教の用語の省略されたもの）ということばで表わされる概念があります。「阿弥陀様にお念仏を称《とな》えると、その功徳がまわりまわって称える人に振り向けられ、称える人の心も良いものへと変えられる」という教えがあると、浄土宗のお坊様から伺いました。私の体験ともつながり、仏様の親心がリアルに感じられて感動した記憶があります。

他にもまだいろいろの祈り方があるでしょう。右に述べたのは、生活のいろいろな場面で自分だけでは無力感に圧倒されるときにする祈りです。とくに、苦しいときには現実から逃げず、現実を受け入れる力を求めて祈るのですが、そのようなとき、現実は私に新しい力を添えてくれるように感じられます。

　ここまで、「祈り」というコミュニケーションを考えました。そこには誤解や歪《ゆが》みの入る余地がありません。祈ることで心がすっきりし、いのちが新しくされるようです。人は苦しいときほど、飾らない自分そのままを受け止めてもらう必要があります。祈りとは、〈無条件で聴かれ、受け入れられ、信じてもらうことを体験すること〉です。子どものとき、親または養育者に無条件で受け入れられ、赦され、信じられることは、人生の試練のときの心の柱となり、祈る力を生み出し、自分がされたように人にもすることができる人に育つと信じて、祈りましょう。

参考文献

―V・ジョインズ、I・スチュアート著　深沢道子監訳「**TA Today　最新交流分析入門**」1987年（英）、1991年（日）実務教育出版
―E・バーン著（1964年E）〝**Games People Play**〟南　博訳「**人生ゲーム入門**」（1967年日）河出書房新社。
―佐々木正美著1998年初「**子どもへのまなざし**」福音館書店2002第26刷
―O・シェガレ著2015年「**友として、司祭として**」フリープレス社2016年
―河合隼雄著1998年初「**日本人の心のゆくえ**」2001年8刷　岩波書店
―この教えは浄土宗栄立院　福西賢雄方丈様から直接伺いました。

第二部　ひとの成長と発達に寄り添うＴＡ

V

自我状態と発達段階

自我状態の発達サイクル

誕生から12歳頃まで、人は発達しながら成長する

私にインスピレーションを与えたレヴィンの著作

発達段階を自我状態との関係で扱う本書第二部に入る前に、ここで自我状態と発達段階との関係について、レヴィンの主張をおさらいしておきたいと思います。

レヴィンは北米を舞台に活動した精神科の看護師で、ＴＡの創始者である精神科医、エリック・バーン博士の下で臨床部門の養成を受けました。ＴＡの臨床部門の上級資格をもち、優れた理論家としても知られています。

彼女はＴＡと発達段階に関した長年にわたる研究を『Cycles of Power』という著書で発表しました。

私はそれに触発され、実践面で多くの助けを得ました。本書執筆にあたっても、レヴィンのこの著書から多くのインスピレーションを得ています。

レヴィンはその著書の中でこう言っています。

「人は、発達の諸段階を最初に通ったときに得られなかったものがあれば、必ずしもセラピーと

いうプロセスを経なくとも、発達のその段階を繰り返し通るたびに、得ていくことができる。すなわち、二度三度と巡ってくる発達の各周期で、その時の課題を自分のペースで果たしながら、そこで育ったはずの能力、自信、喜びなどを、獲得することができる」

実際に彼女の理論は、私自身を含め多くの人々に、ある癒しをもたらしました。

バーン博士は**チャイルドの自我状態**を、「一人の人間の最も価値ある部分、子どもが魅力、快楽、創造性を家族生活にもたらすように、個人の生活の上にこれら三つの要素をもたらすもの」と描写しました。その**チャイルド**の**自我状態**は生まれてすぐから約六年かけて形成されることが、レヴィンの研究を通してわかってきました。その六年の間に、**存在力**、**行動力**、そして**アイデンティティー**に関係する三つの自我状態がつくられます。それら三つで形成されたものが、**チャイルド**の自我状態です。このチャイルドの中の、とくに**存在力**がよく育ってきていると（すなわち、人生のごく初期の段階で愛情深く育てられていると）、将来大きな苦労に出会ったりしたときにもめげない力、耐えぬく力となります。

成人または**アダルト**とも呼ばれる自我状態は、**思考力**が発達する時期、すなわち生後十八ヶ月〜三歳のころ形成されます。さらにもう一つの、**熟練**の時期、つまり**親**または**ペアレント**と呼ばれる自我状態は、六歳〜十二歳のころ形成されるようです。これら二つは、その後の人生を通して自信の源泉となります。

このように、人が発達しながら成長していくことが、自我状態に残っていくのだと言えます。

レヴィンは発達の周期または発達のサイクルについて、二十年以上にわたって千人以上の人々を対象に取り組み、発達段階と自我状態の間の関係がどうなっているかについて、研究を重ねました。

以下に、その論文の内容の一部を要約してみます。

❶人は生まれてから成長するまでに六つの発達段階を通り、そのプロセスにおいて、発達上の課題が、（親子の関係を他者に投影する）転移関係の中で再活性化してくる。それを最初の周期と数える（ここでは六つ目の「再生」の段階も入れて考えている）。

❷最初の段階のニーズ、**存在力**——ただ存在する力——が育つ時期の、お乳がほしい、近くにいてほしい、抱いてほしい……などを満たす課題に向き合う（大人になってからならば、職業を変える、または結婚など身分上の変化の）ときなど、その人が人生の途中で何か新しい始まりを体験するような時期に生じることがある。

このように、生まれた途端に始まる全発達段階は、人のライフサイクルを通して幾度も循環し続ける。

子どもが各段階でそれぞれの時期のニーズを満たすことができなかったとしても、再び発達段階が巡ってきたときに新しく満たし直すことができる。

それがどのように展開するかを図解すると、次の図のようになる。

図１　発達段階とニーズ

（カタツムリの図はサイクルの繰り返しを示唆している）

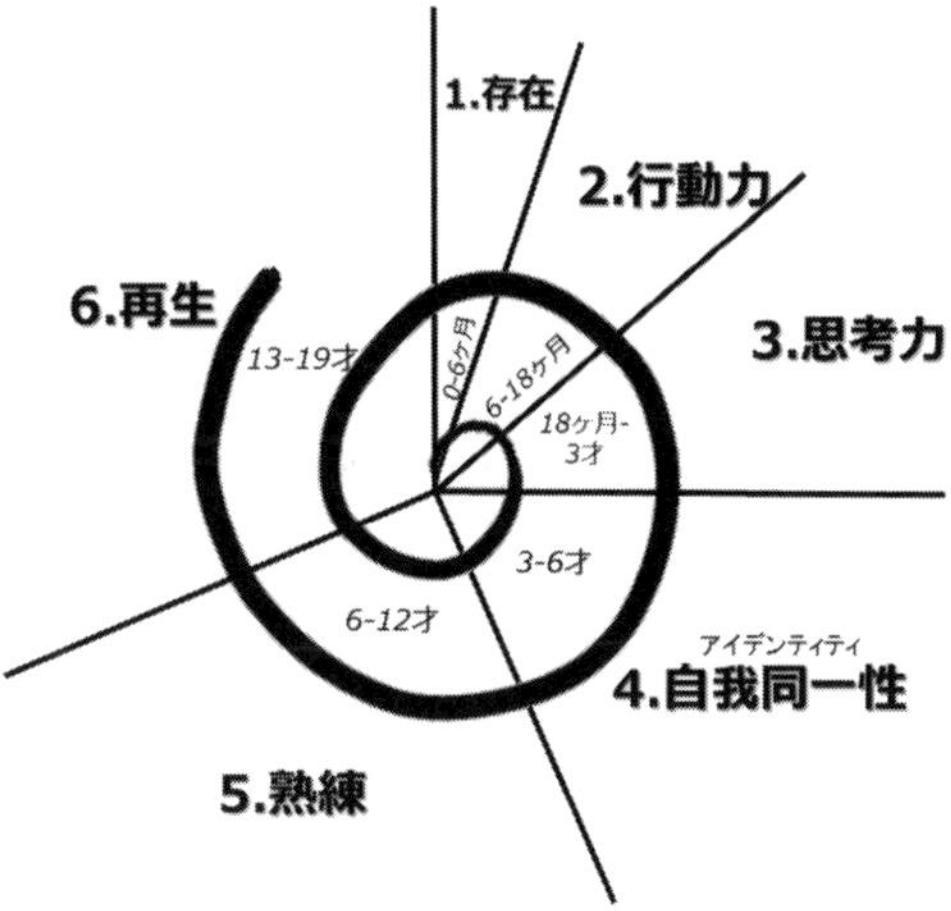

図２　自我状態の二次構造

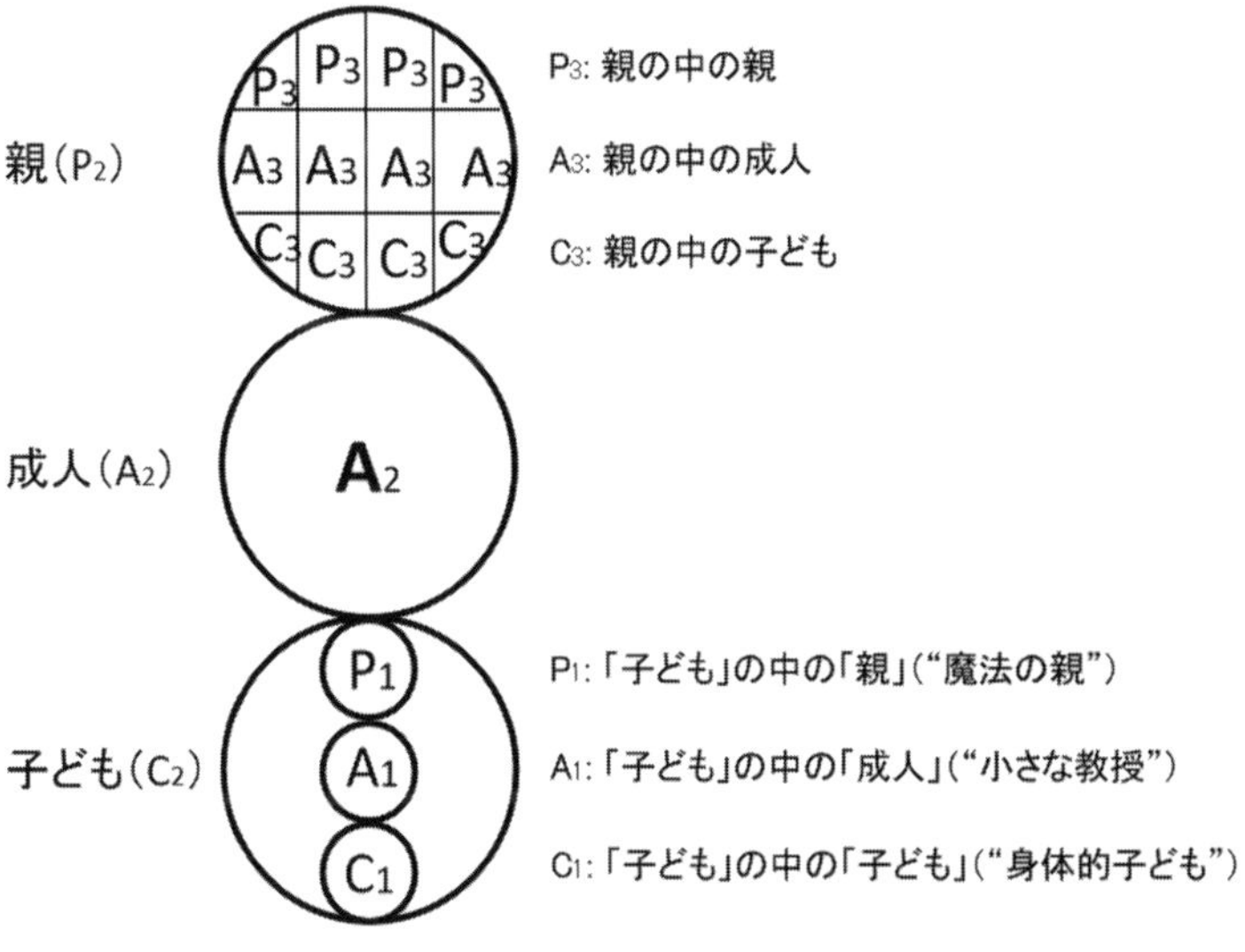

❸これら六つの発達段階の一めぐりを「発達のサイクル」と呼ぶ。それに必要な時間は約十八年くらいといえる。

「発達のサイクル」の各段階には、人の支えを得ながら克服しておく必要のある課題がある。その課題は初めに「食べる」「身体を使って新しいことをする」などがあり、「自分で考える」「友だちをつくる」（自分は誰かという問いへの答えを見つける」、などが続く。そしてさらに、「生きる上でのスキルを体得しながら熟練し」、「社会のなかに自分の場所を見つける」（親となる準備）、「これまで通った諸段階に短時間ずつ立ち戻り、それらの段階を自分の人格へと統合する」（再生の時期）などである。

これらは、子どもが成長しながら身につけていく力であり、それがそのつど「自我状態」に残っていく。**P2（人の中の親の自我状態）**にいくつも（複数）記されているP3、A3、C3は、（複数の）養育者たちの自我状態が、子どもに影響として残っていることを示している。

こうして、「発達のサイクル」が「自我状態」のかたちで人格を形成する要素となって残るのである。

❹一回目のサイクルが終わるとすぐに、新しいサイクルが始まる。繰り返されるサイクルを通して、子どもは以上のような課題に新しく取り組み、学びを重ねながら成長してゆく。一回目のサイクルが終わるころまでに、子どもは「人生脚本」をほぼ完成させると考えられ、それとともに、またはそれにもかかわらず、人は終生、発達成長を続け、人生をより幸せに展開させる可能性を

持っている。

重要な理論の一つ「人生脚本」

　レヴィンの論文にも出てくる「人生脚本」はＴＡの重要な理論の一つですので、ここで簡単に紹介したいと思います。

無意識の人生計画

「人生脚本」とは〝無意識の人生計画〟で、幼児期の経験がその起源であり、人生をどのように生き抜くかを子どもが決定するものです。たいていは単に「**脚本**（Script）」と呼ばれ、幼児は、親や兄弟姉妹の影響下で、そのころの感情をもとに、それぞれユニークな決断をするようです。

　自分のものとしてその決断をしたことは普段は意識されにくいのですが、人生の大きな曲がり角、例えば、職業や人生のパートナーを決めるときや、人間関係でプレッシャーが強いときなどに、脚本の力を感じることが多いのが特徴です。

　しかし、「人は、知らず知らずのうちにマイナスの方向に向かい得る脚本の力に縛られずに生きることを選ぶことができる」とレヴィンはいっています。彼女はその研究を通して次のような結論に至りました。

「人は、以前必要であっても十分に得られなかったケアや守りと体験について、分かち合ったり、考えていることを話し合ったりする中で、気づきが深まり、自分のペースで脚本を書き換えることができる」

私たちは、人々とのかかわりから生命を汲み取り、特に発達段階の周期が巡ってくるごとに、各時期の課題を新しく実践したりしながら、日々の生活を自由で健康的なものとすることを決めることができる——というのです（もちろん、場合によっては専門家の助けが必要なことは言うまでもありません）。

脚本の書き換えの一つの具体例として、ある方の体験を紹介してみます。

「夫にトイレに棚をつけてと頼んでいたのですが、何度言ってもなかなかやってくれないので、イライラしている自分に気づきました。ふと『自分でやってみてもいいのではないか』と思い立ってホームセンターに行き、簡易な棚を買ってきてつけてみたところ、とてもうまくできたので元気が出ました。夫も『こんなことができるんだね』と喜んでくれました」

これを「脚本の書き換え」という観点から解きほぐしますと、この方は「相手の気に入らないことをして怒られるのが怖くて、自分で決断したり行動したりする勇気が出ないでいました。いつも人が指示したり、やってくれたりするのを待ちながら、イライラしていたことに気がつきました。今回は棚のことでしたが、いつも似たことが起こることに思い至り、それが小さい頃からの自分の傾向であったことにも改めて気づきました。それで自分で考えて行動する決断をし、実行してみたところ、上手にできて元気が出ました。さらに夫が感心してくれたことにより、『人にしてもらうのを待つばかりでなく、自分でやりたいことを決めて、やってみるのもよいのだ』ということに気づきました。今度の体験で、そういうふうに〝人に依存して生きる〟代わりに、〝自分の中にある力を使って自由に積極的にやってみる〟という生き方をしてよいことに目覚めて、嬉しくなりました」ということになります。

このように、日常生活のさまざまなシーンで家族や友人と体験を分かち合ったり、考えていることを話し合ったりしているうちに、自分の「脚本的な動き」に気づくことは意外に多いものです。

参考文献

—E. Berne、MD, "**Games People Play**" Grove Press、Inc.1964; 南 博訳「**人生ゲーム入門**」１９６７年
河出書房新社P．33

—Pamela Levin, "**Cyces of Power, A Guide-boook for the Seven Stages of Life**" 1988

—トニー・ティルニー著 深沢道子監訳「**交流分析事典**」２０１３年

※ＴＡに関心のおありになる方は、ＴＡの入門講座をお受けになることをお勧めします。その場合には、
http://www.TAAj.or.jp をご参照ください。

Ⅵ 第一段階「存在力」

0歳〜6ヵ月

赤ちゃんの経験と課題　口の感覚（お乳を飲ませてもらい）、やさしく抱かれ、語りかけられ、かまってもらい、愛してもらう必要がある。これらを求め、安心と信頼のうち与えられるケア（愛）を受け入れる。刺激を受け、「私とは」、「**ある**」（＝いる、生きること）を決め、体の中と外の境界の感覚を感知する。

成人にとっての第一段階　口の感覚（食べたい）、思考力、集中力が弱まる、弱い自分を感じ取り、人を信頼できるかどうかを問う↓身体にやさしく触れられて、親近感、愛情の絆を再確認したい↓私がする（できる）ことではなく、「あるがままの私」を知ってほしい。それは私の行動に必要なエネルギーレベルを上げる。人はこの時期長い時間〝地の中〟で過ごす時かれた種のようなもの。芽を出し、葉を茂らせ、花を咲かせる。そのため、成長は目に見えにくく、時間が必要となる。「**存在**」としての自他をやさしく扱い、そのように自分の「**存在力**」を確認し、発達させる。

周囲の善意と愛情とケアの中で

ではここから、発達の土台である第一段階、存在力について話を進めます。

無償の愛で愛される

赤ちゃんは、泣いて呼ぶと、お母さんまたは他のだれかがすぐ来てくれて、世話をしてくれる、という経験を繰り返すうちに、「私は大切な存在なのだ」「私はこの人々の中で安心できる」と感覚で感じ取ります。それは驚くべきことです。親子の間のことば以前のこうしたかかわりとやり取りが、赤ちゃんの**生きる力**となり、自我状態のなかでも最初に現われる「**身体のチャイルド**」と呼ばれる「**存在力**」に記憶されていくのですから。

この**存在力**を形成するのには、お母さんなど決まった一人の養育者ばかりでなく、お父さん、周りの家族、看護師さんや医師、さらには社会全体の協力が必要です。

こういう人々が周囲に見つからず、生きていくために必要な安心と信頼を味わえなかったら、赤ちゃんが生き続けるのはほとんど不可能です。その点から考えると、赤ちゃんを囲む人々が、喜んで協力や祝福をするということも、ある意味で〝奇跡〟であり、神秘であるといえるでしょう。誰かがにっこり笑って声をかけてくれたりすると、赤ちゃんも一緒に嬉しく感じているのがわかります。その情景は、新しい命のすばらしさを感じさせるひとときです。

生後半年間、育ててくれる人々の善意と愛情とケアの中で、細胞や体の組織ができます。特にこの時期、皮膚、呼吸器、消化器系統などの器官が育ち、働きが活発になって、生きる土台である**存在力**という**自我状態**が作られます。それは**身体のチャイルド**とも呼ばれます。赤ちゃんの身体が示す反応、たとえばまわりに何か心配事があると、それまでよく飲んでいたお乳をあまり飲まなくなるなどの状態によって、赤ちゃんの経験していることが外にもわかり、そうした刺激やそれらへの反応が身体にしるされて、**自我状態**として残っていくことを示します。

大人になっても私たちは、この**チャイルドの中のチャイルド**、または**身体のチャイルド**を、自分の身体の反応から体験的に知ることができます。私たちの身体は、赤ちゃんだったころに体験し、刺激に対して示した反応を記憶していて、今でも似たような刺激を受けると、そのころと同じような反応をするからです。身体のどこかが痛む、いつもとは違う疲れを感じて、ストレスがあったことがわかる、うれしいことを体験して病気が治ったり元気が出たりする――などがその例です。

その観点から、身体がいつもと異なる反応を示すときに、仕事を止めてゆっくり休むなど、健康面で自分の面倒を見ることは、**自分の身体の中のチャイルド**を世話することになります。

いっぽう、たとえば親の突然の入院などによって、赤ちゃんがショックを受けるようなことも起こり得ます。それは赤ちゃんのこれからの人生に影響を残す可能性がありますから、そうした時期にはどのような状況になろうと、大人たちは赤ちゃんを十分にかわいがり、語りかけ、甘えさせ、支えてあげてください。

もし大人になってしまってから、その時期の自分が十分ケアされていなかったと感じることがあったとしても、悲しんだり親を責めたりする必要はありません。「心配しなくて大丈夫、後で**存在力**が育つ発達の第一段階が何回か巡ってくるときに取り返せます」とレヴィンは言います。

それは、「どの発達段階も、十二年周期、または十九年周期というリズムで、一生を通して何度も巡ってきて体験される」からです。

この時期は精神的成長の基礎もつくります。赤ちゃんの学習や発達についての研究で知られる認知科学者のアリソン・コプニック博士によると、新生児には生来の深い共感能力や道徳心の萌《ほう》芽《が》があり、成長につれて世界を学習し、世界と自分を変革する高い能力が備わっていることがわかってきたということです。

赤ちゃんはまず親と一つであり、愛してくれるまわりの人々とも一つです。自分に向けられた笑顔に微笑み返し、人々が赤ちゃんに出会ううれしさをそのまま表現し返します。真似を通して自分の感情を豊かにする実地訓練をしているといえます。真似することで相手の情緒を身につけるだけでなく、相手への共感を深め、精緻《せいち》にしていきます。

安心を体験すると、赤ちゃんの中に信頼の芽が生まれ、自分が相手と感覚を共有していることが認識できることもわかってきました。この能力で他人の意図や願望を理解できるようになり、人間の複雑な感情を学び、人の痛みを感じたときには、その痛みを除いてあげたいと望みます。たとえば、大人同士が喧嘩して、別々に赤ちゃんだけに話しかけてしまうようなことがあったとします。そんなとき、現実を大人よりも案外はっきり認識する赤ちゃんは、それを感じ取っています。そして、どうすれば大人たちが仲直りできるかと考えているかも知れません。赤ちゃんはこの共感能力に基づいて、自分の心を変えたり、判断や行為を変革したり、まわりに働きかけたりすることもできるようです。確かに、赤ちゃんの純真で嘘のない反応には、家族だけでなく、社会を浄化したり、明るくしたりする力があるのを感じます。このことは確かにまわりの人々に影響を与えてゆくでしょう。

人生の立場を決める

私たちは日常的に、「世界や人はよいものだ」といった肯定的ものの見方や、「人は信用できない」「自分も信じられない」といった否定的なものの見方をしたりしますが、それらは**存在力**、また次の段階の**行動力**の発達と関連して、他者と自分との関係において形成されるようです。まだ何もわからない幼子が、対人関係における自分の位置を直観的に体得し、「この人、この世界は私のことを好きだ」とか、「私は本当は望まれていない」「私は愛される存在だ」などと見極めていると見られるのです。

このことからも、赤ちゃんのとき、理屈なしに愛され、受け入れられ、甘やかしてもらうことの大切さがわかります。試練のとき早く立ち直れるのも、**存在力**がしっかり育っていることで後の歩みが支えられるからです。〈愛されたもの〉という感覚は体に残り、自分と人との境界線を確かなものにします。

そうした体験は将来、家族やグループなどへの帰属感を楽しみ、友情の輪を作って広げ、自分や他人を信じる人となって、リーダーシップを発揮する基《もと》になるなど、その重要性は計り知れません。

政治学者の中野晃一さんがこんなことを書いています。

「あるときふと気づいたのは、まだ息子が母親から完全には分化していないということだ。彼にとって母親はナンバーワンなのではなく、自分そのものなのだった。すると私はナンバーツーではなく、初めての他人、代表的な人類、彼の外界すなわち世界の主だった人物なのだ。彼が世界に愛されていると感じ、その中で独り立ちしようと踏み出す勇気を持てるかは私に大きくかかっていることを悟った」

周りで取り巻く人々を代表してお母さんと赤ちゃんを支える中野晃一さんの姿勢から、赤ちゃんは、自分を「愛されたもの」、人を「信頼できるもの」として体験し感じ取るに違いないと思いました。もう一つ、思い出す話があります。

二十代前半だったＭさんが働いていた会社の寮で、ある人のお金がなくなり、犯人捜しの末、「Ｍが犯人だ」との噂が流れました。いくら「違う」と言っても誰も信じてくれません。そこでＭさんは、疑いが晴れるまで、嫌な雰囲気の中で働くことを決め、そこに住み、働き続けました。その間捜査は続けられましたが、進展はありませんでした。結局一年以上経ったある日、本当の犯人が「悪かった、私だった」と名乗り出ました——というお話です。

その間、Ｍさんの孤独は深く、想像を超える辛い日々だったに違いありません。Ｍさんを支えた信念や祈りの深みには、存在力の働きがあったと私は確信しています。

この時期に世話をする大人の「チャイルド中の存在力」体験

泣いて知らせるほかは何もできない約半年間に、赤ちゃんの**存在力**が作られます。このことを違う形で示してくれるのが、長い間寝たきりだったお年寄りの存在です。ただ世話をされるだけだったはずのお年寄りが亡くなって、家族がこのお年寄りから逆に支えられていたことがわかる……といった体験が示すお年寄りの**存在力**がそれです。これは障害者とのかかわりにも通じることかもしれません。

また元気いっぱいのときよりもむしろ、病気のとき・ほしい助けが得られないとき・誤解や裏切りに出会ったとき・仕事がうまくいかないときなど、弱さを味わう逆境の中でこそ、**存在力**の神秘が体験されるということを心に留めていたいと思います。

存在力が育つために❶——共感力、愛する心

赤ちゃんの世話をすることで親やまわりが育てられる、と先に述べました。実際、お返しができない赤ちゃん、要求ばかりの赤ちゃんを世話しているうちに、それまで経験したことのない愛の体験が生まれてくるというのは神秘です。障害のある子らに特に愛が注がれるのは、障害のない子どもよりもよくみる必要があるためと言われます。これも同じ神秘ではないでしょうか。

これをＴＡ的に見てみましょう。

無償で愛してくれる大人の愛を受ける赤ちゃんは、自分の**Ｃ**（**チャイルド**）の**自我状態**の中に

愛を受け入れることで、自分が好きになり始めます。この感情はやがて愛や信頼心へと深まる芽のようなものです。こうして愛されながら、世話してくれる人のことを学び、愛の働きも知り、他の人を愛せるようになります。これが、何もできない赤ちゃんが相互関係の中で、自分とまわりの大人を育てる**存在力**という不思議です。

大人の中には、『自分の生き方がうまくいかないのは、この段階で親との関係がうまくいかなかったからだ』と思う人もいます。レヴィンが、「この発達段階が巡ってくる度に、必要なケアや愛情を受けたり、自分に提供したりすることで次第に回復できる」といっていることは前述のとおりです。

同じように、コプニックも認知科学者の立場からこう言います。

「大人になってから、そのころの体験のいくつかを思い出し、それを現在の自分が受け止め直せば、自分らしい一貫した世界像を持つことができる」

人は、愛し愛される新しい関係を築きたいと願い、それが下手だった親や自分を理解したり、受け入れたりして、新しい可能性を開いていくことができるというのです。さらに、コプニックは続けます。

「自分の過去の記憶をたどり、昔、親がしてくれなかったことを親のせいにする代わりに、今、自分がその事実と責任を親の代わりに引き受けることと、未来を描く能力とは、脳の同じ領域で起こってくる」

新しく自分が親となることは、これを実践する機会の一つにすることだと言えないでしょうか。このことは後にあらためて、本章第五段階で取り上げます。それは必ずしも血縁による親子の間での出来事とは限らず、血のつながっていない人との間でも起こりうる関係でもあります。

また親が、子どもを育てる人生――良いことばかりあるとは限りません――を受け入れ、対処する姿を見せていれば、子どもが親になったとき、その記憶を手がかりに、育ててくれた親の思いを実現していくことでしょう。

存在力が育つために❷――境界線

次に、存在力が発達する過程でできてくる「**境界線**」について説明しましょう。

温かく守られていた胎内から外界に出て、産声《うぶごえ》を上げた赤ちゃんは、産湯をつかわせてもらいながら、胎内の温もりに代わる新しい、でも覚えのある「温かさ」と「安全」を肌に感じています。柔らかい手と布によって支えられ、温かい湯のなかで洗われるこの場面は、赤ちゃんの生まれてきた喜びと、「生まれてきてくれてうれしい」という親の心が出合うセレモニーです。

これ以降、親の優しい表情、声、抱っこの感触などを感じながら外側の境界線が、またお乳を飲むことを通して、胃の中に内側の境界線が作られていきます。

これら「外側と内側の境界線」の意味は、抱っこされながら「私はここにいていいのだ」と感じたり、またお乳やミルクを飲ませてもらったりしながら「生きていい」「自分は全面的に受け入れられ愛されたもの」と感じたりして生み出される感覚、すなわち、「ここにいてこの場所で養ってもらい、生きていい」という感覚です。これは、体の外側は皮膚で、中では胃の中で感じられるものです。この感覚は、体の組織を刺激して成長を促進し、赤ちゃんが、生きる喜びと意欲、安心と愛される実感を味わうのを助けます。そして、赤ちゃんは生きることを決めます。

その意味で、赤ちゃんの目を見ながらしっかり抱きしめ、優しく声をかけ、ゆったりとした気持ちでお乳を与えるのは、大切なことと言えましょう。境界線の感覚は、大きくなるにつれて、「していいこと、してはいけないこと」をはっきりとわかりやすく言ってもらうことによって、さらに育てられます。

境界線が確かなものになると、他の人の感情の責任を取らない生き方ができるようになります。すなわち、人の悪意や冷たさを自分の中に取り込まず、その人がその人であることを受け入れる力が少しずつ育つのです。自分は自分であってよいし、人もその人であっていいことを、体で実感するからです。

自分に悪意を持つ人を敵視する代わりに、その人の敵意は嫌でも、その人の良いところを思い出し、かかわりを慌《あわ》てて切らない内面の力が育つのだと思われます。また、もっと小さいときでも、自分のものを持ってよいという感覚があることで、お友だちと遊ぶとき譲るべきこと、譲る必要のないことなどが、自然にわかるようになります。

他人の世界に力づくで踏み込む暴力といえる「いじめ」も、一人ひとりの境界線がしっかり作られることによって防ぐ、または最小限度に食い止めることができます。依存的にならず、うわさ話や人の評価や態度に翻弄《ほんろう》されず、イエスとノーを明確に答えられるなど、人間関係のデリケートな領域で次第に自信を持つこともできるでしょう。

境界線は、〝壁〟といった硬いイメージを連想させますが、実は、愛され愛する、大切にされ、信頼され信頼するといったデリケートな愛のかかわりが生み出すものです。

以下はいじめの例ではなく、境界線を理解するための実話です。

――二人の兄弟がいました。二歳下の弟は、したいことをして、時にはお兄さんのおもちゃを持って行ってしまいます。お兄さんは、弟が甘えて好きなことをしてもあまり気にしていないようで、そういうときも、弟を見て「よしよし」とでも言うように、ニコニコしていました。しかし他のとき（たとえば、弟が友だちのおもちゃを持って行こうとするようなときなど）に、お兄さんは「それはだめだ」とハッキリ言います。――

この事例に登場するお兄さんは、自分の物を持って行かれることで、自分の境界線が侵《おか》されても、弟を許しています。こうしたことが自分の領域を犯す問題とはならなかったのは、お兄さんが弟を愛しているからです。いっぽう弟が他人の物を持っていくようなことは、弟自身の境界線を弱めてしまうので、お兄さんは「ダメ」とハッキリ言います。

このように、引用した実話では、兄の弟を大事に思う気持ちが先行していることがわかります。お兄さん自身が親の愛情に支えられていたことと考え合わせ、境界線が力によらず、愛情によってできてくることが見えてきます。

赤ちゃんは愛を求める存在です。自分の要求を聞いてもらうことで、まずそれを体験します。このあたりの事情を的確に指摘される児童精神科医、佐々木正美さんのことばを、要約して引用させていただきます。

「自分では何もできない子どもの要求や希望が、豊かに報いられることは大事。望むとおりにしてあげる。そうすると安心し、親や保母さんを信頼し始める。安心が体験されると信頼が始まる。もう少し大きくなって、見守る人の視線、親の視線を追い、親がどういうふうに物事を処理するかを見て習う。望んだ通り答えてやってあげると、子どもは親を信頼して心から聞き始める。だから過保護は大丈夫。親が強圧的に言うことを聞かせると、子はいつか強圧的になり、大きくなって反社会的行動を起こす可能性もある。要求を満たしてもらった子は、人を信頼するようになる。」

これは愛されて子どもの中に静かに育つ「安心と信頼」の問題であり、また境界線がしっかりしてくる大切なプロセスにかかわることだと思います。佐々木さんがこれに加えて「過干渉はだめ」と言っておられますが、過干渉によって、成長過程の子どもの人格の境界線が形成されにくくなり、自由で自立した人格になりにくくするからだと思われます。

大人にとっての境界線とかかわりの文化

大きくなった子どもや大人にとっても、境界線の感覚は、赤ちゃんと同じように、まず愛情によって支えられ信じられていることと関係しています。思いやりや親切心、人と分かちあうなど、また軽蔑や差別に抵抗するなどは、自分が愛され、しっかり支えられている存在だという境界線の感覚があるからこそできることです。

家族の間で普段から声をかけあったり、ハグをしあったりすることは、たいへん助けとなるようです。そんな習慣がなかったとしても、ただそこにじっと一緒にいることは、境界線形成にとって大きい意味を持っています。

赤ちゃんだけでなく、大人も**存在力**が育ったり強められたりする何周期目かの発達段階上のこの時期には、こういった習慣が助けになるということをレヴィンも強調しています。悲しいときや苦しんでいるときに、感情を分かちあい、それを受けとめあい、共にいることは深い意味を持っています。また小さいとき十分に甘えさせてもらってないと感じたとしても、パートナーや家族同士が、「疲れたので背中をさすってほしい」などと自分の感じているニーズを伝え合い、必要なケアを受けたり与えたりして補い合うこともできます。

近頃、雑誌やインターネットで悪い噂を広めるなど、他人の境界線内に踏みこむことが日常の出来事になってきました。こんな時代ですから家族がしっかりかかわり、愛し、支え合うことは緊急なニーズだと思います。身内がそばにいないという場合には、友人たちで家族と似た支えを提供しあうこともできるでしょう。

■第一段階で育つ「存在力」を支えることば

「あなたが生まれて来てくれてよかった」

「私はあなたにそばにいて欲しい。あなたを愛しています」

「感情（好き、嫌い、寂しい、怒っているなど）を感じていい。でも危なくないところでね」

「あなたは成長していい」

「あなたは人を信頼していい」「私はあなたを信頼しています」

「神様は必ず良くして下さる」

「神様（仏様）に祈っていい」

「あなたを傷つけようとするものから、あなたは守られています」

筆者注

（＊）「自我状態」全般、とくに「チャイルド」の自我状態の発達、形成過程については、ここでは省略しますが、第五章において簡単に触れさせていただきました。本章の参考文献を下記に掲載します。

参考文献

右筆者注（＊）の参考文献は Pamela Levin,“**Cycles of Power, A Guide-book for the Seven Stages of Life**”ppiiiiv &10—12, 1980（２００１年版の前の版で、内容はほとんど同じ）、およびトニー・ティルニー著／深沢道子監訳「**交流分析事典**」２０１３年（疋田尋子）P．２５７に解説があります。

—E・バーン著　南　博訳「**人生ゲーム入門—人間関係の心理学**」１９６７年初（１９８２年改訂5版）

—Pamela Levin, **"Cycles of Power, —A User's Guide to the Seven Seasons of Life"** ２００１年、Nourishing Company, USA

—佐々木正美著「**子どもへのまなざし**」１９９８年（２００２年第26版）福音館書店

—A・コプニック著、青木　玲訳「**哲学する赤ちゃん**」２０１０年、亜希書房

—中野晃一著「**3・11を心に刻んで**」岩波書店編集部編、岩波ブックレット№．８９４、２０１５年３月５日

Ⅶ 第二段階「行動力」

生後6ヵ月〜1年半

この時期の課題　継続した世話を受けた後　何かを新しく作り始める。独立する。運動、ことば、音楽などを覚え始める時。これまで自分一人で何も出来なかった赤ちゃんは、動き出し、探検して世界を体で知り、「する」ことに関心を向けていく。運動能力、移動能力が発達し始め、考えないで五感を使い、したいことをし、快楽を知る。ことばを使い始め、直観力、想像力が育ち始める。

大人の場合　好奇心が強くなる。集中が長続きしない。物事をするかしないかで迷う。新しい足場を見つける。新しいことをしたくなる。動き回る強いニーズを感じる。何を探しているのか分からないままに探検する。感覚を研ぎ澄ますような刺激がほしいと感じる。体を使って動き五感を養う。好奇心、想像力、独創性が増し、物事を楽しむ。

五感を使い衝動のまま動き回る時期に

一つの「いいえ」に二つの「はい」

これまでただ愛され、世話されることによって生きて来た赤ちゃんが、大地に足をおき、好奇心にかられて動き、歩き出す時期が始まります。頭を使って考えることをし始める前に、体を使い五感を使って、衝動のままに世界を探検して動き回ります。花の香りに気づき、鳥のさえずりを聴き、お月様に見とれるなど、これまでとは異なる感覚を得て、五感への刺激を楽しみます。だんだんにハイハイやよちよち歩きができてきて、興味をもって物や人に接触する範囲が広がり、目に見えて「**行動力**」が発達します。なんでも口に入れるのは、世界と自分との関係を調べているしるしです。掴み、投げ、破る、など目が離せません。

親や周りの人々にとっては大変な時期ですが、赤ちゃんにとっては、人生を積極的に生きて行く基礎ができる時期です。気持ちよく動き回れるよう、赤ちゃんをサポートし続けなくてはなりません。

この時期の赤ちゃんは一人で遊び始めます（まだ友だちと一緒に遊ぶことはできません）。それは赤ちゃんに自立の芽が育ち始めているしるしです。

世界をそれなりに探検して戻ってきた赤ちゃんには、そのときのニーズを察して、十分にサポートしてください。名前を呼んで語りかけ、話そうとしていることを聞き、その時々にできること、必要なことをして「あなたは大事な子」「愛している」ということばやサインをあげることで、愛着、絆が確かになってきます。自立と愛着という反対方向のニーズの間にあるこの時期の赤ちゃんには、この両方へのサポートが必要です。その意味で、「ダメ」といわなければならない時には工夫することが望まれます。まだいろいろのことがわからない赤ちゃんは、「ダメ」と言われると、そのことだけでなく、全部がダメだと理解する可能性があるからです。

赤ちゃんのためを思って口にした禁止の語句が、消極的な生き方へとつながってしまわないようにするための工夫は、いろいろ考えられます。たとえば、大事な書類を汚したり破いたりしそうなとき、「ダメ」と言う代わりに「それはパパの大事な紙なのよ。それをここに入れてくださいな」と言って手放させ、「これでやってちょうだい」と、破っても構わない紙を代わりにあげるなどして、赤ちゃんが消極的になるのを防ぎます。

赤ちゃんは、自分がどんなことならできるのか試したいのですから、それを可能な範囲でさせてあげましょう。〈一つの「いいえ」には二つの「はい」が要る〉といわれますが、これはその「はい」の一つに当たります。

また手を振り切って出かけていった赤ちゃんが、再びホームベースに戻ってきたとき、無条件に喜びをもって抱きしめて迎えることは、もう一つの「はい」の例です。赤ちゃんはうれしそうに何度でも出ていき、世界に触れて、また帰ってきます。これを繰り返しながら、「愛する人は自分を待っていてくれる。この人は好きなことをしている自分を見捨てない」のを感じ取り、それを時と共に自分の確信としていくのです。こうして、新鮮な冒険の感覚で出ていき、新しい人や事実に出会ったりし、また安心感をもって家に戻る感覚を持つことは、成長してから自信をもって積極的に生きる力となるでしょう。

このように、成長する人間に、一つの「いいえ」に二つの「はい」でかかわり続けることは、相反する方向のニーズに安心して応える力を育てることになります。

このかかわり方は、大人になったとき、〈人を資格や肩書や業績によって大事にしたりいじめたりすることの多い世界で、これらの要素——わざ——を比較したり無視したりすることはできても、**存在**そのものは決して比較したり、無視したりすることはできないのだ〉という真理を学ぶ糸口になります。ＴＡによる「**誰でもその存在は尊重される**」という根本的な真理を、身体で学び自分のものとし始めるのは、第一段階と第二段階においてであり、これがしっかりできていると、生涯、偏見や差別に敏感なセンサーを持って人や自分とかかわっていくことでしょう。またこれら最初の段階を、そのような人間観を大切にしながら育ててもらうことにより、後に続く段階でも、楽な気持ちで発達に必要な課題をこなし続ける力と可能性が高まります。

楽しむ力

大きくなって仕事、勉強、恋愛などを楽しみ、それらに自信を深めることは、この時代の経験が基礎になります。その意味でも、身体で感じていることをよしとして受けとめ、自分がしたいと思うことをして、それをまわりからもよしとしてもらうことは、この第二段階にぜひしておきたい体験です。

同じ理由で「好きなことをしてよしとされる」経験は、大きくなって快楽をよいものとして受けとめる下地となります。自分がしたいことを感じないでいる子どもには、〝自分が本当にしたいことは何か〟を探していいことに気づかせ、自由になるのを助けていただきたいと思います。

といっても特に難しいことではなく、大人はただそばにいて、子どもが楽しんでいることを一緒にしたり見たりするだけでいいのではないでしょうか。それは、大人にとっても思いがけない扉を開くきっかけになるかもしれません。もちろん子どもにとって、大人が一緒に遊んでくれた思い出は、ずっと残ります。

心に従って自分らしく生きることを学び、感情体験――特に、楽しむこと――を身体で知っておくことは、他の感情も自分の感情として受け入れるのを助けます。それは将来、理性的な思考、行動、学びなどを楽しみながら求めるうえで大切な基盤となります。

また困難に遭遇したり、面倒なこと、自分の趣味ではないことをしたりするときなどに、「その中に良い面や積極的な価値を見出し楽しむ能力」を発揮して、乗り切る力が出るのも、この時期に作られた基盤と関係があります。その一つに、夜、床についても眠れないようなとき、ただ横になっているだけでも、立っているよりもずっと体は休んでいると理解して、それを自分に言って聞かせる、などがあります。

仕事で困難な時期を通っておられた方から、こんなメールをいただいたことがありました。

「自分を深く楽しませることは、一番大切なことではないでしょうか。それは自己満足ということではありません。苦しい時でも、自分が幸せになることを許すことです。つまり、与えられてきたたくさんの恵みに自然に気づき、深く味わいながら生きてゆけるような仕事の仕方や、そういうライフスタイルは、自分で作り出さなければだれも与えてくれるものではありません。それが、結果として誰かの力になることがあるということです」

苦しい中でこういう風に考えることができるこの方は、子どもの頃から〝楽しんで物事を処理する〟態度を身につけておられました。

挫折や失敗は成長のチャンス

　赤ちゃんが身体を動かして探検するということは、危険を冒《おか》すこと、すなわち物を落としたりこわしたり自分も転んだりして、痛みや失望や敗北の痛みを味わいながら学ぶということです。それでもこの時期の赤ちゃんの、探検したいというニーズは大きく、たとえ危険があったとしても、大人の手を振り切って出ていきます。このニーズは、成長に伴ってこの時期の強い欲求から出るものであるだけに、十分に満たせるようにサポートする意義は大きいと言えます。けがや失敗をしたとき、その事実に落ち着いて向き合うのを大人が助けてくれるのは、その観点からも大切な体験です。

　この時代に子ども自身は、探検にはある程度の失敗や危険が伴うことを知りながら、探検する楽しさを味わいます。そうしながら、不必要な危険を避けたり、最小限度にしたりする知恵を身につけ、また「痛みや失望を感じる時には助けを得てよいのだ」ということを学ぶことができます。

　そのような経験に直面した子どもの認識もまた、大人の対応の仕方に大きく影響されます。失敗した自分を受け止め、痛みに寄り添ってくれ、失敗や過ちをあげつらって辱《はずかし》めたりすることなく、それを通して何かを学ぶのを助けてくれる、そういう人の存在は貴重です。そうしたかかわりを通して、失敗したり間違ったりしたその自分を信じ、受け入れることが出来るでしょう。『失敗したからといって愛されなくなったり、見捨てられたりすることはない』という実感を得ることの大切さは、計り知れません。子どもも大人も、思うままに体を動かし、行動するためには、何度でもやり直さなくてはなりません。物を投げる力も発達する時期です。それには支えられ、励まされ、安心することが必要です。守りが行き過ぎると、子どもは自然に発達するチャンスを失います。練習を繰り返し、上手にできたときには褒められたりしながら、楽しく学び続けることでしょう。

　このようにして、**行動力**を発達させる第二段階で、**存在力**の生まれる第一段階で得た安心と信頼を、再度確認することになります。**存在力**を支えにすることで、困難があっても喜びや楽しみを味わいながら探検したり、練習したりする**行動力**が育つことになります。

能力の発達と独創性の発見

　この時期に発達する能力にはいろいろありますが、その一つは、運動の能力です。これは種々の領域に影響を残すプロセスです。制限を受けず自由に動き回りたいこの時期の赤ちゃんは、何かに集中するには注意力が散漫で、目標を達成する力はまだありません。考えたり集中したりすることは誰か他の人にやってもらい、自分は感覚を試したいのです。探検を繰り返しては、世界と自分の関係を距離感として体が知ることができるよう、見守っていただきたいと思います。その結果、スポーツの感覚が育って、転ぶ、ぶつかるなどの危険を避けられるようになったり、人とのかかわりにおいて体の持し方を体得したり、気持ちよく体を動かすコツがわかったりするなど、発達を物語る動きが顕著に見られます。

また動き回って世界の情報を得ることによって、興味や関心が広まり、**直感**の働きが活性化されて、次の段階で**思考力**が育ちやすくなるといわれます。考える材料を、この時期に蓄えるからです。こうしながら独創性が育っていきます。

さらに、褒められることで人が好きになり、自分のことも好きになるのがこの時期。**存在力**が形成されるのに必要だった愛情は、動き回って世界を探検するときにも支えとなります。

こうして蓄積される感覚的、官能的知識は、第一段階での**存在力**と、第三段階での**思考力**の発達をつなぐうえで、なくてはならない橋にたとえられます。

この時期、探検し、試行錯誤することを通して学ぶためには「大人の手を振り切ること」と「助けを求めること」の両方が必要ですが、ときとして、子どもが、必要な助けも求めず、大人が喜びそうなことだけをしていることがあります。もしそのことに気づいたなら、親は、子どもの本心を見抜き、「あなたがしたいようにやってごらん」と言ってあげると、子どもは『したいようにしていいのだ』ということに目覚め、そうすることができるようになるでしょう。

「この子はきっと大丈夫」と信じ、語りかけ、ちょっとした助けを差し出しながら待つ親の心は、子どもの魂に響きます。「大人は、子どもがしてほしいことに応えていればいい」という趣旨のことを佐々木正美さんが言っています。このようにかかわってもらう子どもは、大人を信用するようになるに違いありません。それは、何でも聞いてもらう体験を通して、子どもが自分自身をよいものと感じ、自分の身体の声に耳を傾け、自分を信頼されるに足る人間として認知することへとつながるからです。

大きくなってからも行動力は養える

発達のサイクルが一周して、この第二段階を二度目、三度目と通る時に、自分が最初のサイクルで、心の赴くままに好奇心や衝動についていくことを十分にしていなかったと感じたら、今度は意識的にそれをしてみるのが助けになります。自分で自分にサポートを差し出し、本当にしたかったのにやらなかったことをしてみるのはその一つです。というのは、もしその時期に果たすべき課題を積み残したまま、しないでいると、そのころの満たされない感覚から生まれた行動やパターンを成人した後も持ち続けるばかりでなく、自分の子どもやかかわる人々との関係に再現させていくことがあるからです。

たとえば、転んで怪我をしやすかったり、自分でする代わりにほかの人にやってもらおうとするなど、自分の弱いところを発見したら、それが、初めて通った第二段階でやり遂げられなかった課題と関係があるかどうか調べてみます。

子どものころ、お父さんが長期間出張で留守をしていた間、お母さんを守らなくてはと思い、お母さんのそばを離れないでいたために、十分体を動かさなかった、動き回らなかったことに思い当たる、などがその例です。もしそのことに気づいたら、まったく違うパターンを始めてみましょう。たとえば、園芸、ダンス、スポーツなど、これまでしてこなかったような、体を使うことを試してみるのです。

またある人は、自分が転びやすいことに気づいたので、「私は転びやすい」「ゆっくり歩いていい」と自分に言ってから動くことを心掛けています。さらに他の人は、「私は動きたくない。誰かがやってくれたらいいのに」と思っていることに気づいて、自分で体を動かしてやってみるという新しいパターンや選択肢を探して取り入れました。この方の場合は図らずも、前章でご紹介した「人生脚本」という一種の運命論にチャレンジして、新しい生き方を選んでいることになります。

第Ⅴ章で「夫にトイレに棚をつけてと何度頼んでもなかなかやってくれないのでいら立っている自分に気づいた。その時、『自分でやってみてもいいのではないか』と思い立ってホームセンターに行き、簡易な棚を買ってきてつけてみた。その結果、とてもうまくできて元気が出た。夫も『こんなことができるんだね』と喜んでくれた」という人のことをご紹介しました。

このエピソードは「人生脚本の書き換え」という観点からみることができます。この人は「相手の気に入らないことをして怒られるのを恐れて自分で決断する勇気が出ず、もどかしい思いをしていた。今回は棚のことでイライラして、それが小さい頃からの傾向だったのに気づき、自分で考えて行動してみたところ、上手にできたうえに夫も感心してくれた。依存した生き方をする代わりに、自分で自由に積極的にやることに目覚めて嬉しかった」という体験です。これは友人と話し合ったりするなかで自分の消極的な生き方に気づき、他人に依存する代わりに自分で積極的に動く生き方へと脚本を書き換えたことになります。

ここから見えてくるのは、自分で決めてやるのは案外楽しい、ということを発見する喜びです。この段階で、決断した体の動かし方や運動体験は、感覚と運動能力に記憶されます。さらに生涯にわたり、どういう人と交わり、どういうことにどの程度関心を向けたり学んだりするかといった選択にも影響を残します。ですから、この周期が再び訪れたとき、自分の行動パターンを顧み、閉じこもりがちだとか、自分を晒《さら》しやすいといった傾向に気づくことがあったら、信頼できる人に打ち明けて聞いてもらうのも助けとなるでしょう。そこから自分の陥りやすいパターンを少しずつ変えてみるのは賢い方法だと思います。

自分の感性の促しに沿って、ほんとうに味わいたい楽しみ、快楽を追ってみると、自分の中にこれまで気づいてこなかった興味や傾向があることに気づくでしょう。それは仕事のしかたや創作的な活動や、あるいは恋愛や新しい友情を、楽しみのうちに育てることかもしれません。そうやって自分を養っていく過程で、副産物として、苦しいことに直面してもへこたれず、直感を使って前向きにやり遂げるなど、成功していくための知恵も、増えていくことになります。

■第二段階で育つ「行動力」を支えることば

「あなたは動き回っていい」「失敗しても、そこから学んでいい」
「あなたはからだを大切にしていい」
「自分の直感を頼りにしていい」
「したいことをし始めていい」「あなたはできる」
「し始めたことを楽しんでやっていい」
「あなたは成功したら思いきり喜んでいい」

※参考文献

—Pamela Levin "Becoming the Way We Are – An Introduction to Personal Development in Recovery and in Life" 1975,1985, 1988 Health Communications Inc.

Ⅷ

発達の第三段階「**思考力**」（成人の自我状態）

18カ月〜3歳

第三段階での体験と課題　実行することを学び、「いやだ」「したくない」と言って押したり試したりしながら「分離した個人」となっていく。トイレット・トレーニングは、自立への大きな一歩となる課題の一つ。①人のことばを聞き、理解する　②自他の感情に気づく　③考えることを楽しむ　④文章で話し始める　⑤日常生活の中で知恵を巡らす——などをプロセスしながら、若木はこの時期、自分に特有な花、葉、枝を育て始める。

大人の場合　他の人と自分は違うと主張する。これという理由なしに怒る。これまで依存していた人に抵抗し、離れる。忘れっぽくなる。よく考えられるようになりたい、自律感を味わいたい、といった傾向が感じられる。

自分で考え始める——分離の時期

自分が感じていることに気づいて

この時期になると、子どもは自分で考えたい、自分でやりたい、自分自身になりたいという願いを表わし始めます。手を振り切って親に「やだ！」「自分でやる！」と言ったり、自分の意見を言ったりして、自分に権威があることを示したがります。独り立ちした人間になりたい欲求のしるしであり、またそうなれる可能性を示しています。知っていることをかき集め、理性を使って、物事の理屈、結論、可能性などを探す、すなわち考えることに目覚めたのです。それは「これをするのは楽しいな」とか「嫌だけどやっているんだ」など、自分が感じていることに気づくことでもあります。

このように考え始めると、人、特に親に依存して生きる生き方の一部をやめなければならなくなります。たとえば、ときには甘えることをあきらめ、人（特に、自分を可愛がってくれていた人）を押しやり、自分の世界を作り出すという、まったく新しい経験をし、その結果孤独を味わうことになります。

それは怖いことです。怖いという感情に押されてそこに留まってしまうこともあり得るのが人間です。けれどもその戸惑いの中で、自分で考えることの魅力が次第に強いものとなっていくならば幸いです。孤独の体験がないまま考えることに進むのは難しいからです。

そして考え始め、好きなことをやりたい自分をどこかで食いとめてほしいという願いも持っています。自分で考え、物事を理解しようとし、試し、批判する――　その過程で、意のままにならないことにもぶつかります。

子どもは、そういう反発する自分を周りの人々に受けとめてもらいながら、思考力と自立心を育てていきます。それがどのように始まるのかを見てみましょう。

場所への関心

前段階では、赤ちゃんは動き回り、新しい場所を見つけてきては、「自分は自分（の力）でそこに行ってきた」という感覚を持ち、それが次第に「自分は何かができる」という自覚につながりました。二歳くらいになると、「見つけて来たこの場所と自分とはどんな関係になっているのか」を知りたくなり、考え始めます。

「場所」は安心感とつながっています。この段階で自分と場所とのつながりを考え、理解しておくことにより、後で場所が人との関係で問題になるとき、ある自由さをもって、場所を得たり、譲ったり、保ったりできるでしょう。たとえば、大人になっていつも同じ場所に座らないと落ち着かないとすれば、それはこの段階で得る独立心と安心感に関係があると思われます。

かかわりへの関心

また、「大人は私がすることの、何かを喜び、何かは喜ばない」という事実に関心を持つようになります。すると「それはどういうことなのか」「なぜそうなのか」「どうしたら気持ちよくやれるか」といった問いが生まれてきます。

この時期を通る子どもは、このようにしながら嬉しさや恐れや怒りなど、自分のもっている感情に目覚め、それらについても考え始めます。そうして自分以外の人、特に大人が、自分がしていいことの範囲や限界を示してくれることを待ちます。大人のメッセージに不服や反発を感じたり、「なぜ？」とたずねたりしますが、そこには「私があなたの言うとおりに考えないで、自分で考えても、まだ愛してくれる？」という問いが隠れています。また、「今、したいこのこと」を我慢して、未来に良いことを残しておく意味がわかり、それを自分も望み、自分のしたいことをコントロールする力を得ます。

この時期に、言いたいことを文章にして話し始めますが、それは考えて理解したことを人とコミュニケートしたいと思う気持ちにつながっています。

こうして社会との約束事を理解し、実践し始めます。考える力や考えること自体に惹《ひ》かれている子どもが、この段階の課題を楽しんで果たせるよう、大人には、子どもと対等に会話することを楽しみながら支えることが望まれます。

子どもの思考が芽生えてくるとき——対等にかかわる

子どもが「いいこと考えた！」と言ってそれを話そうとするときには、大人はいきなり内容の是非を判断せず、まずしっかりと聴くことが大切です。安心してことばを使うことが、考えることを楽しい体験とするからです。話そうとしている相手に時間と心をかけて「聴く」という習慣は、生涯続ける意義があります。

子どもが間違ってことばを使ったとき、『かわいい』とか、『ことばの意味を間違って捉えている』とつい笑ってしまったりする反応は、悪気がなかったとしても、子どもを傷つける可能性があります。たとえ子どもの考えがあまりに現実的でないと感じられても、バカにしたりしないで受けとめ、子どもの視点に立って真面目に答えることを心がけましょう。

　子どもは大人とのやり取りを通して、自分が考えることやしたいことに限界があることを、大人の反応から知っていきます。大人の真摯《しんし》な受けとめに接して、間違いながらも安心して自分の世界を広げ、考えることに自信をつけていくのです。その繰り返しは、**存在力と行動力**を強める体験となるでしょう。

　そのような機会に大人——とくに、親——が生返事でやり過ごすようでは、子どもは、自分の思考を検証することができず、考えが深まりません。親が真実味のある応答をしていないことで、結果的に真実味のない人柄を作ることを奨励してしまいます。

　そのうえで、もし子どもがしようと考えていることが悪いことならば、それなりにまっすぐにかかわり、過ちであると対等な姿勢とことば遣いで教えることが大切です。「嘘をつく」「復讐する」などはその具体的な事例でしょう。

　こうした場合、親とのやり取りの中で子どもは、悲しみ・怖れ・怒りなどといった感情と向き合います。親の質問に答えながら、それが何なのか、子ども自身で考え始めるでしょう。ときとして質問に答えず、「忘れた」とか「後でやる」というように、答えでない答えをすることがありますが、それも、この時期の子どもが示す抵抗です。こうした態度を見て「強情っぱり」とか「わがまま」といったレッテルを貼《は》るかわりに、『これらも分離への途上体験なのだ』と大人たちが受けとめ、対応することは、大きな助けとなります。自分の可能性と限界を体験しながら、子どもは、その年齢らしい自分を知り、また受け入れるのを助けられ、内面的な成長を遂げていきます。自分の中にどういう感情が湧いたとしても、それによって悪い人になったり、品格が落ちたりしないことと、「いろいろの感情体験を通ってよいのだ」ということを学べるなら、それは子どもの成長を願うまわりの大人にとっても喜ばしいことです。こうして子どもは安心して自分の感情や意欲に向き合い、それについて考える勇気と技術、すなわち思考力を身につけていくことができるでしょう。

子どもの怒り

この時期の子どもはよく怒りますが、それは「分離」と関係があります。泳ぐことに慣れていない子どもが、初めてプールの壁を蹴って泳ぎ出すようなもの、と理解しましょう。そのとき子どもは怒ることによって、安全や保護を提供してくれていた大人から離れようとしているのです。その結果味わう孤独の中で、思考力が育っていきます。

子どもの思考力を育てるためには、大人が子どもの怒りと上手にかかわることが求められます。子どもが「おもちゃを○○ちゃんが持っていっちゃった」とか、「○○ちゃんなんか大嫌い！」などと、自分の気持ちを素直に言い表わしているときは、そのことばを正面から受けとめ、何があったのか聞いてあげましょう。すると子どもは、くやしさや怒りなど自分の感じている気持ちがまっすぐ認められたのを直感します。

　これは思考力の出発点として大切な瞬間です。子ども同士の間で起こる「どこまでが自分のもの？」「どこからあなたのもの？」などの問いへの答えを得ながら、分離・責任・問題などについて考え始めているしるしです。

　言い出したら聞かない子どももいるでしょう。この段階にいる子どもには『言いたいことがある』というしるしです。

　この時期に子どもが怒りをあらわすとき、実はその下に恐れが隠れていることがあります。たとえば何かしてみて、思いどおりの結果や反応を得られないと二度としなくなる、というように考えるリスクを避けてしまうのでは、いかにも残念です。

　そのようなときには大人が怒っている子どもに、「自分の好きなやり方でやってごらん」というメッセージを送ってやれば、子どもは自分の好きなやり方でやってもいいのだとわかって、自分が感じていることを安心してやり始めるでしょう。

　子どもが言いたいことを言うのは「押したり試したり」している、つまり独立しようとしているしるしです。いつまでも赤ちゃんでいる代わりに、自分が感じていることを表現し、考え始め、他人ではなく自分をコントロールすることができるようになり、自立への歩みを一歩進めているのです。

大人の怒り

これを、大人が体験する〝何周期目かの発達〟の第三段階へと移して考えてみましょう。

大人になってから体験される怒りは、たとえばパートナー同士の喧嘩《けんか》です。大喧嘩をした後で、和解に至り、より深い親しさが経験されることがあります。普段ことばにしきれていない自分の感情、「（説明してくれなくて）寂しい」「（あなたに訊くのが）怖い」など）をことばにして相手に伝えるのには勇気が要りますが、それは自分の傷つきやすい部分を相手に委ねる信頼の表われともなり得ます。それまでは言わなくてもわかってくれるだろうと、相手にぼんやり依存していたことに気づき、新しい関係を作るための一歩を踏み出すことになります。

このようなとき、含みのない純粋に感情だけのことばを使い、感情と判断とを混ぜないことが、喧嘩を成功に終わらせるカギです。そうしてみると案外、自分の感情を認めることが相手との溝を埋め、新しいつながりが育っていくのを発見するでしょう。

喧嘩をするときは、時を選んで、それまで我慢し、押さえていた感情を、互いにことばにします。そしてひととおりぶつかり合いが済んだなら、相手の言い分にも耳を傾けるのが建設的な方法です。完全には納得できなかったとしても、「今回はこれでいい」と自分に言い聞かせて、できるだけ速やかに普段のペースに戻すように工夫します。

親の喧嘩をそばで見ている子どもは、大人が推察するより心配するものですから、親たちは喧嘩しても仲良しなのだと子どもにわかるような締めくくり方をしておくことが大切です。そこから先は、それぞれが自分の感情に向き合い、考えるための孤独な時間に対峙する工夫が必要になるでしょう。このプロセスを通るにあたって互いを信じあうことの大切さは、言うまでもありません。

ここで、あるご夫婦の体験をご紹介します。

――夫婦喧嘩をした翌朝のことです。お父さんは、いつもはしないお風呂掃除をしていました。それを見ていた3歳の子どもが、「パパ、今日お弁当持って行く？」と訊きました。お父さんが「うん、持って行くよ」と答えると、今度は台所に立っていたお母さんのところに行って、「ママ、パパにお弁当つくる？」と訊きました。「うん、つくってもいいわよ」という返事を聞くと、子どもは「これで大丈夫」とでもいうかのように、ニコニコ顔で庭に飛び出していきました。――

ご夫婦は、小さなわが子が考えてした行動に接し、それぞれ胸を突かれる思いがして、「参った！」という気持ちになったということです。

「孤独」と「愛されること」と

また、「忍耐強く見守り見捨てない誰かが、自分のためにいてくれる」という実感や記憶は、人生のどの局面でも助けとなるものです。

そもそも、人が何か問題の解決を求めて考えながら孤独に耐え、そこに留まり続けることができるとすれば、その力はどこから来るのでしょうか。それは幼い日の体験――〝孤独の中でも、見捨てないでいてくれた誰か〟の存在に支えられた体験――に負うところが大きいと思います。いわゆる**存在力**や**行動力**が育つときに受ける支えです。こうした支えを子どもに、また大人同士で、そして自分自身にも、この時期に新しく差し出すのは意義深いことです。例えば新しいアイディアや理論を考えているとき、共に歩んでくれる指導者や友人は、貴重な存在です。暗中模索している人の孤独な旅を、友情をもって支え、問いかけ、答えを聴いてくれる人の存在は、大きな助けとなるに違いありません。

感情と身体

子どもであれ、大人であれ、考えようとするなら、分離による孤独を味わうことになります。自分独りだけになって、自分が何を感じているのかを調べるための孤独です。

こうしたとき感情と思考をつないでくれるのは身体です。気がつくと呼吸を止めていたり、首の筋肉が凝るとか、消化・排せつなどが上手くいかなくなったりするなどの変調は、身体が何かを告げている可能性があります。「分離したら愛されなくなるかもしれない」という不安と、「でも考えることは諦めたくない」というジレンマを感じているのかもしれません。幼いころから大人の助けを得ながら身体が告げている〝警鐘〟に気づき、そのメッセージに応えることを学んでおくと、繰り返し感じる感情に気づいて、新しい考え方を学びやすくなるものです。

大人がこの状態の自分にかかわる方法の一つとして、**自我状態**モデルを活かして考えてみましょう。

例えば自分の中の**親**の**自我状態**で、以前の何かの失敗を思い出して自分を叱《しか》り、**子どもの自我状態**（ここでは**存在力**、即ち**身体の子ども**）で緊張したり、委縮してしまうようなことがないでしょうか。このような時、身体――**子ども**の**自我状態**――の言っていることに耳を傾け、自分は何を恥じているのか、今どうしたいのかを時間をかけて聞くことで、**成人**の**自我状態**が活性化され、今、ここの感覚が生まれてきます。

そうやって今新しく作られていく親の心、または自我状態で自分を理解し、支えるうちに、怖れはあっても、自分で少しずつ考え始めることができるでしょう。

感情と権威

次に、感情と「権威」について考えます。ここでは権威を〈発言者としての「尊厳」〉と捉えましょう。小さな子どもにも言いたいことがある――すなわち子どもにも権威があります。子どもはよく泣いたり、怒ったりします。それは安心し信頼しているからです。その子どもが安心して親の考えに反対して自分の考えを表明し、分離することを求め、手を振り切って歩み出していこうとするとき、それは大人の私たちが、子どもを信頼するときが来たことを意味します。離れていこうとする子どもをよしとして祝福で支え、帰ってきたときは喜んで受け入れる――それは信頼によって子どもの権威を尊重することと同義です。

このように、今、まさに分離しようとしている子どもは、信じられることで（多くの場合、無意識のうちに）権威を自覚し、自分らしく成長していくことになるのです。

かかわりを通して「自分らしさ」が成長する

この段階を、私たちはその後も何回か通りますが、場合によっては自分の人生、権威、独自性などに十分注意を払ってこなかったことにふと気づき、怒りを覚えることがあります。仕事の上司、仲間、夫、妻など周りの、自分が一所懸命尽くしてきた人との関係で、「私の人生っていったい何だったの？」「他人のことばかりにエネルギーを使って、自分のことを大事にしてこなかった」というような〝目覚め〟が誘発する怒りです。

このようなとき、自分の気持ちに注意を向けて、その事実を受け入れ、気づいたことを勇気と信頼をもってことばで相手に伝えてみます。すると、自分の限界が広がり、相手もそのステップに心を開いて、そういう私を歓迎してくれるかもしれません。

それは「あなたは私（たち）から分離して、自分の考えをもっていい」と肯定される体験です。これらを通して自分の境界がはっきりし、自分を再発見し、「他人を自分の思いどおりにしたい」と願う代わりに、自分であることをよしと思うようになっていけるでしょう。

この段階は、パートナー同士だったら、〈互いが新しい考え方に心を開き、同時に互いを受け入れ直し、つながりを確認する時〉といえます。これは他の人とのかかわりにおいても、いろいろなバリエーションで適用できます。

子どもの考える力が育つ時期、または大人が自分の中に考える力を強めるときである「何周期目かのこの段階」において、前の段階でもそうであったように、愛され信頼され、また信頼し愛することは、大きな支え、守り、助けであることは言うまでもありません。

またこの時期のもう少し先で、さらに成長した子どもが、親とよりもお友だちとの関係に親しみの感情を増やしていくとき、親は寂しく感じるかもしれませんが、「今は、子どもが考える力を育てる時期なのだ」と理解して受け止めたいものです。友だちと喧嘩して寂しそうに帰ってきたら、「親の方がいいでしょ」というかのようなかかわり方で、子どもの愛情を取り戻したくなりがちですが、そんな誘惑は退けなければなりません。その友だちと仲直りするまでの間子どもが感じる寂しさを、「大切な時間」としてサポートし、子どもが立ち直り、また友だちとかかわることができる時が来たら、祝福して送り出せるように、親も心を整えておくことが大切です。子どもが親の愛情を失うのを恐れて、独立することや、自分で考えることを早々と諦めてしまったり、逆に、自分のことは大事にしてよく考えるけれど、『親の世話をすることには頭も心も使わない』と決めてしまったりすることもあり得ます。

分離を通して思考を学ぶこの時期、親から正しくかかわってもらっておくと、その子どもは自分をどのように大事にし、また友や、人をどのように大事にしたらよいかの理解を体得しやすいと思います。

さらに言えば、ただ自分や他人を大事にすることだけでなく、自分が問題にぶつかったとき、深く考える習慣をつけたいところです。そうした対応力は、子どもが大人になる過程で、自分自身だけでなく社会や時代の問いかけに耳と心を傾けて聴く姿勢へとつながることでしょう。

■第三段階で育つ「思考力」を支えることば

「どこまでできるかやって試していい」
「〝いやだ〟と言って私から離れていい」
「私から離れても、私は心であなたのそばにいる」
「あなたはいろんなことを自分でやっていい」
「記憶力を使っていい」「「感じていい」「考えていい」
「考えを聞かせてほしい」
「私はあなたのアイディアや計画が好きです」
「賛成できないことに疑問を感じることを大切にしよう」
「世の中の出来事でおかしいと感じたことがあったらことばにして、それらへの解決策などを考えたり話し合ったりしてみよう」
「成功していい」

Ⅸ　発達の第四段階「アイデンティティー」

3歳〜6歳

この時期の課題　自立への歩みと自分で考えることを始める。家族、仕事、文化と自分の間に関係を見つける。新しい役割を始めたり、学習した技術を使い始めたりする。

関心事　「自分は誰か」（特に友だちや家族との繋がりの中で）。性への関心。自分の持っている創造し破壊する能力。マジック的パワー。物事の否定的側面または両面性。自分の意見、自分が人に与える影響。自分らしいやり方。想像の世界と現実との違い。私のもの（あなたのもの）はどこまで？

大人の場合　15歳、またその倍数の年齢の時期、24〜25歳とその倍数の年齢の時期にあたり、前者は学童期前の子どもを育てている時期。「自分は誰か」＝「自分は他人とは違う」。自分の能力、性、ジェンダー（性を社会生活の視点から見て）。自分の影響力、創造力と破壊力、マジック的パワー、自分の衝動とのかかわり方、恐れと悪夢の体験、想像の世界と現実の区別。かかわりを通して他の人々のアイデンティティー形成に助けとなることの喜び。

自我同一性《アイデンティティー》が作られ始める

関心事は「人とのつながりの中での自分」

三歳になると、子どもは背丈が伸び、ことば数も増えて、自分もまわりも『大きくなった』と感じます。生きる力、動く力、考える力などが育ってきて、特に「人とのつながりの中での自分とは」ということに関心が向いていきます。人によって性質や、やり方、かかわり方が違うことに目が開け、『自分はどういう人なのか』『どうなりたいのか』『どういう人になっていくのか』などと考え始め、それは、「自分が女の子／男の子であるのは、どういうことか」という問いにかかわっていきます。

こうした関心事は、この時期に「**自我同一性＝アイデンティティー**」が作られ始めたことを示しています。多くのことに関心を抱き、理屈を言いながら同時に、親に言われたとおり「早く寝ないとこわい人にさらわれる」といったマジック的思考に囚われているのも、この時期の子どもらしい姿です。

この時期、子どものなかに「**チャイルドの中のペアレント**」という**自我状態**が作られます。子どもは、理性によるチェックをせずにそのまま親から受け入れた〝規則〟のようなことばを、この**自我状態**（**チャイルドの中のペアレント**）で記憶します。そしてそういう親からの規則に従いたくない気持ちも、また従わないと恐ろしいことになるという思いも、そこに集めています。

「変圧器」と呼ばれる自我状態の中で

この**自我状態**が「**魔法的親**」とも呼ばれるのは、その複雑な要素を物語っています。この時期の子どもたちの言動には、それまでの小さな子どもとは違う独特な特徴が見られ、マジック的な要素を含みます。この**自我状態**は「**変圧器**」と呼ばれたりもします。交流のエネルギーの質、量、方向を変えることができる(=変圧する)ことを見つけた子どもは、それを試してみようとします。また「言うべきことを言わない」「早口でものを言ってわかりにくくさせる」「人のことばを無視する」「嘘を言う」「問いにちゃんと答えない」などの他、「他人からの優しい問いかけに、斜に構えたような返事をする」などが例として挙げられます。

これらを通して子どもは、人に働きかけながら自分のことばや行動の効果を試したり、確かめたりします。試すことを通さないと自分の力やその限界がわからないからです。また「どうして？」を頻発して物事の理屈を知ろうとします。小さいながら、〈過去を自分の中に取り入れて未来を描いていく作業〉が始まったのです。

自我同一性が形成されるこのとき、子どもが自分の可能性と限界の両方を知り、ものごとの理屈を理解したいのは「望ましいステップ」と理解して、大人には特にこの時期、子どもと上手に付き合うことが望まれます。この時期の子どもとかかわる大人自身、自分を可能性と限界の両面性の観点から受けとめ、また道理のすべてを知っているわけではないことを自覚しておくことは、両者にとって有益なことです。大人も子どもも同じように、可能性と限界のある人間同士だからです。

私の子ども時代の思い出ですが、ある日、祖母に「髪の毛をカールさせて」と頼んで、そうしてもらったとたん、「もとの通りにしてちょうだい！」と言って困らせたことがありました。せっかくかわいくなったのに、それを母に頼まなかったことで、「母に悪い」と思ったのです。祖母と母との間には緊張関係があり、二人をそれぞれに好きだった私は、このとき突然、母が悲しむに違いないと直感しました。そして次の瞬間、「髪をカールさせてほしいと願った自分を消してしまいたい」「この時間をなかったことにしたい」と思ったのです。そんな私の反応に祖母はびっくりし、ショックを受けたようでした。そのときの私は確かに**マジック的**な思惑の中にいました。まさに**変圧器**のような動きだったと思います。

チャイルドの中のペアレント

アダルトの**自我状態**からのチェックがまだ弱い小さな子どもは、親の価値観をそのまま自分の中に取り入れます。これが**チャイルド**の中の**ペアレント**と言われる理由の一つです。ですから、その状態で決めてしまったことは、客観的にみれば「思い込み」とでも言うべきものが多くなります。例えば、「親戚のAさんは欲張りだ（けちだ）」「おまえはバカだ」などといった、身近な大人が言っていた決めつけや責めに基づくことばを、自分で検証する前に受け入れて出来上がった価値観などがそれです。

年を重ねたある日、これらが思い込みだったと悟ることができたら、そこから人は自由になっていけます。それは、こうした決めつけの限界に体が気づいたとき起こります。次にご紹介するのは、ある女性の四歳のときの体験談です。

――いつも大人たちから「あなたはまだ小さいのだから……」と言われ続けてきたその女の子が、ある日「あなたは小さいのだから」と言われたとき、しばらく考えてから「あなたは大きい！」と、大人にはっきり言いました。大人たちはびっくりしました。――

この女性は、「自分が言った」のを体験して自覚し、「苦しかったけど、すっきりした」と言いました。アイデンティティーの基盤が一つできたという場面の記憶ではないでしょうか。

ですから、この段階の周期が巡ってくる時に自分の中にあった思い込み、偏見などを引っ張り出し、成人の**アダルト**の**自我状態**で調べてみて、それらを洋服のように一つひとつ試着してみるようレヴィンは勧めます。「自分は○○な人間だ」と言ってみたり、体を使ってそれが実感できるように行動してみたりするのです。今の自分にフィットしないものは脱ぎ捨てればよいし、もし合っていたら、あらためて着直してみると、自分らしさが感じられ、すっきりするでしょう。このことについてレヴィンは、自分の「押し入れの中から骸骨を引っ張り出す（注・「押入れの骸骨」とは、英語で他人に知られたくない秘密のたとえ）「もう要らないと思ったら捨てることだ、捨てられるのは、それをしまい込んできた『私』だけであり、この作業に関しては、他のどんなよいアドバイスも、私が直面し、決断することに勝ることはできない」と表現しています。

『自分は残酷だ』と思うことをやめた日

その例の一つとして、私自身の経験を明かすことにしましょう。

当時四十代だった私は、雑談の中で自分について、「私は残酷だから」と言ったことがあります。それを聞いた友人が、「誰がそう言ったの？」と尋ねました。私が高校生だった時代のある日、遅く帰ってきた弟を問いただしていたところ、それを見ていた親類の大人が言ったのです。そのことばに私はショックを受けましたが、すんなり『こういうことを残酷というのか』と受け入れました。私の打ち明け話を聴いて、友人は、「私はあなたを知っているけれど、あなたは残酷ではない」ときっぱり言いました。長い間自分を〝残酷な人間〟だと思い込んできた私は、その人の真実さと友情の確かさを信頼して、『自分は残酷だ』と思うのをやめました。事実の当否を調べるのは難しいことですし、それよりも一人の友だちの友情とことばとを信頼し、自分を信じることのほうが、私にとって大切なことだとわかったからです。親類の大人から見れば、その頃の私にはなにがしかの残酷な面があったのかもしれませんが、新しく肯定的な発見、愛される体験を選んだことは、私にとって精神的な支柱を得ることにもなるかけがえのない出来事となりました。

　こうした人生の途上でする自分なりの決断が、アイデンティティーの中核になるのだと思います。人を縛る否定的な思い込みは、明るい希望的な自己イメージを試着して本来の自分を見つけるのを遅らせることになります。たとえよかれと思って言われたとしても、否定的な断定のことばは多くの場合、人を不自由にさせます。「どんな人も仏《ほとけ》だ」というレヴィンのことばは、本当の自分を「よいもの」として受け入れることの大切さを強調しています。人は自分をそう信じて、自我同一性を見つけられるのだと思います。

ですから、人が何かの「思い込み」によって縛られていると感じたら、私の友人のように、感じたことを率直に相手に告げることこそ愛する行為です。この愛の行為によって、その人はかけがえのない友人を得るでしょう。

レヴィンは、〈人の外観を見ながら内面の真実を見る〉ことの大切さについて、「慈しみ深い全面的な正直さをもって出来事にまっすぐに反応してくれる人を、私たちは必要としている」と言っています。そして「そういう人と友となりたいと思うなら、自分も自分の姿をそのままに見せる勇気や決断が必要だ」と続けるのです。アイデンティティーのできるこの段階を何回目かに通る人にとって、これはカギとなるメッセージかもしれません。

性とアイデンティティー

社会の中で「自分が誰であるか」を知っていく一人ひとりの子どものために、大人は慈《いつく》しみと真実さをもってかかわり、見守りたいと思います。また彼らが安心と信頼の中で、それぞれの性を持った一人の人間として喜びながら、かかわりの技術と責任感を学んでいってほしいと願います。

初めてこのサイクルの年齢を迎えた子どもが、友だちと一緒に遊ぶことは、相互の役割や、互いの間のことばのかけ方などを自然に習う良い機会となるでしょう。遊びは、弱い人、強い人などにどのようにかかわり、友だちとなるかを学ぶよいチャンスだと言えます。また家の中で、一定の責任を与えられることは、有意義な体験です。ペットの世話、窓や戸の開け閉めなど、簡単でも持続して責任を持つ仕事をすることについて、対等に相談してみるのは子どもが「大きくなった」と実感できる機会になります。頼むときは「日曜日以外の日はやってね」「雨の日はしなくていいわ」「困ったら携帯に電話して聞いて」などとことばではっきりと説明し、依頼するという形式を踏むことで、子どもは社会の一員として育っていくことができるでしょう。

この場合、忘れたり間違えたりしたとしても、叱らないようにしましょう。子ども自身が間違いに気づき、そこから学べるような聞き方ができるように話すと、子どもは成功と失敗の両方から学んで次の機会の選択肢を広げ、人間として成長します。また責任ある役割を任されることを通して、子どもは家族の一員としての感覚＝帰属感＝をさらに深めていきます。「かかわること」と「帰属感」は、**アイデンティティー**の形成の基盤となる要素です。

最初のサイクルのこの時期で、子どもは性に目覚め、「世界にはどうして男の子と女の子がいるのか」「男の子と女の子はどう違うのか」という問いへの答えを求め、確かめようとして人に尋ねたり、親に質問をぶつけてきたりします。この時期の子どもは主に身体の違いに関心があり、自分の性との関連で、自分が何者かを理解しようとしているのですから、大人は戸惑いや面倒を理由に答えをはぐらかす代わりに、これらの問いにはできる限りオープンに答えることが大切です。

実際、こういうとき子どもと正面から向き合い、年齢に合った真実味のあるコミュニケーションをするのは、たいへん意義深いことです。子どもが自分の性を肯定的に受けとめるために、親やまわりの人々のことばや態度からよいものを受け取っておくことが望まれます。子どもたちは、大人が、この性に生まれた自分を「よい人間」「尊敬している」と感じ、〝肯定〟と〝敬意〟を自分に示してくれるのを体験しながら、「私の性であって良かった」と思うことが自然にできるからです。これは将来、生涯にわたって〈自分の性をどう受け止めるか〉に大きく影響する体験です。

また次の周期が来たときには、性に関してもっと突っ込んだ質問をしてくるかもしれません。大人が感じる性のすばらしさや気恥ずかしさ、必要な慎みや、性に関する道徳なども伝え、時にはよい読書を勧めたり、一緒に映画を見たりして話し合うことも、よい経験となるかもしれません。こうした会話から性に関する「守り」や社会的な礼儀を身につけ、質問への答えや内容だけでなく、大人の答え方から性というものの本質、即ち〝かかわる姿勢〟そのものの大切さも学べるでしょう。

それはまた第二回目に巡ってくるこの段階では、特に、人から受ける愛と信頼とを自分の中に引き受け、それに拠《よ》る生き方をし始めることを意味します。そのため、この時期には胸郭《きょうかく》が痛む（心臓が痛む）ことがあります。それは愛するために自分が開かれてゆくしるしです。性に関して若者は不安を感じたり、悩んだりしますが、愛する人へと変貌することの前触れだといえます。

愛を知るとき、人は誰かを選び、誰かに訣別《けつべつ》する心の苦しみを味わいます。その体験を通して、

「性」という字が示すように〈心で愛し愛される生き方〉を受け入れるとき、胸の痛みは消えていきます。

ですからこの時期にはぜひ、親が若いころ同じように性について感じて来た不安、心配、感動などを伝えていただきたいのです。それは、性を通して愛する生き方に安心し、また性差ゆえの偏見や差別から解放されることにつながり、将来パートナーを探すときの道しるべともなるでしょう。

性とかかわり——その社会的次元

性は小・中学校での「人間教育」に関する議論にとっても、重要な課題とされています。それは、性が生物学的な次元だけでなく、人としてのかかわりそのものだからです。**自我同一性**が育っていくこの時期（二度目以後のこの時期にも）大切なのはかかわり、特に愛する伴侶や子どもへの変わらない信頼と正直さです。

年齢的には次の段階に属する子どものことですが、最近行われた十歳〜十二歳の子どもたちを対象とした調査の結果から、子どもたちの自己評価が上がった一方で、人とかかわることへの関心が薄れてきていることがわかりました。この年齢枠の調査データを、本章の主役である「三歳から六歳」の時期に扱うのは早過ぎますが、そうした傾向はこの時期から始まる部分にもあることを前提として考えると、ＩＴ機器の普及で、幼い頃からスマホやゲーム機を上手に扱うことのできる最近の幼児にとっても、人と一緒でなくてもやっていけるという感じが増えていくことは想像に難くありません。

性に目覚め、人とのかかわりによって**自我同一性**が育つこの時期、普通に、そして尊敬の心をもって、かかわりやコミュニケーションをすることの大切さ、機会あるごとに教えていきたいと思います。そうすれば、子どもが次第に青年期に入っていくとき、狭い意味での性だけでなく、かかわり全般に自信を持つことができるようになるのではないでしょうか。話しておくべき人に話さなかったり、グループのなかで一人だけに声をかけ、他を無視したりして亀裂を生み出したりする代わりに、オープンでリラックスできるかかわり方を学んでおくことは、言うまでもなく重要です。異性、同性の友だちと敬愛の心でかかわることを通して社会を形成し、その社会の中で助け合って生きていくのが人間であることを思うとき、子どもにとっても私たち大人にとっても、望ましいかかわりは大切なチャレンジに違いありません。

ここで思い出されるのは、最初のこの段階で初めて体験したマジック的なイメージです。三〜六歳の子どものころに作った自分や人に関する「思い込み」や「信念」を、大きくなってもそのままにしておくことは成長の阻害要因ともなりかねません。人生のサイクルで二度、三度とこの段階が巡って来たときに、自分が以前決めた自他のイメージを検討し直すことができるよう、大人も心掛けておきたいところです。

ここで私の体験に戻りますが、友人のおかげで残酷という自己イメージを止めた私は、「人に愛された自分」に対峙し、そのことを受け入れることができるようになりました。自分を「愛されたもの」「よいもの」と感じられ、その自分を受け入れることによって**アイデンティティー**が新しく作られたように思います。

　また人に愛されて自分を愛すること、同じように人を愛する生き方、即ち性と**自我同一性**とがつながっていることを実感できました。

　ここでの性は男性、女性などの性差の問題ばかりでなく、愛において広く捉えた私たちの在り方のことです。愛と友情、それをわからせてくれる人に深い信頼を抱き、そこで初めて人は自分を信頼し始めるのだと思われます。

　私の場合、それを契機に自分を「よいもの」として感じ、残酷だという評価もあまり気にならなくなりました。それが**アイデンティティー**を生み出し、その**アイデンティティー**が今度は私たちを育て、「人を愛し、信頼する人」へと成長させるのです。

　繰り返しますが、人が「**魔法的親**」「**変圧器**」などが形成された時期の考えやイメージを選び直そうとするときには、まわりからの愛や友情、真実なことば、かかわりを通して得られる「自分はここにいていい」という〈帰属している感覚〉と、〈自分自身になる勇気〉の両方が必要です。それらによって人は真の「自分」になっていけるのですから。

　野の植物が一本だけでは育ち切れず、周りの植物たちと一緒に育ちながら互いの成長を助け合うように、人も社会的関係に頼りながら「自分」になっていきます。同時に、そういう意味で自分も社会に影響を与え、周りを育てる存在の一つであるのだと実感することになるのです。

■第四段階で育つ「アイデンティティー」を支えることば

「あなたはあなたであっていい」「あなたは自分を信じていい」
「あなたの性であっていい」「新しい自分らしさを見つけていい」
「あなたは独創的であっていい」
「愛されることに素直であっていい」
「夢を持っていい」
「『わたしはわたし』と言っていい」

参考文献

—Pam Levin **"Cycles of Power"**
—Pam Levin **"Becoming the Way We Are"** 1974~1988（3rd ed）Health Communications, Inc
—深谷和子「子育て親子」月刊「児童心理」２０１７年。１９９３年に福武書店との協力で深谷名誉教授がされた同じ質問による5年生対象の調査の結果と比較しておられる。毎日新聞２０１７年９月３日（日）朝刊「小学生高まる自己評価」（大和田香織）より
—性教育について、ユネスコの「性教育ガイダンス」（国際セクシュアリテイー教育ガイダンス—明石書店）などは参考になる文献の一つだと思います。

X 発達の第五段階「熟練」(Skillfulness)

6歳～12歳

第五段階の体験と課題　アイデンティティーについて決断した後、新しい方法で何かをするのを学んだり──工夫したりする。勉強その他の仕方やコツを身につける、他人の価値観や道徳観、他人のやり方を学び、それについて議論し、試し、改良して自分の枠組みや方法を生み出す。そして世界に入って行き、世界を理解し始める、そこで何かをする「巧みさ」を身につけ、「私は出来る」という自信を体験する。

大人の場合　**6歳～12歳の倍数の年齢の時、この時期の子どもを育てている時。**新しい学び方および教え方を学ぶ、交際範囲を広める、議論好きになる、ことばの選び方にこだわる、他人の道徳観、価値観、方法論に批判的になる等。

課題　自分の価値観や方法を保ちながら意見が異なる人々と、よい関係に留まることを学ぶ。

人格形成最初の周期の最後の段階

熟練に向け、過去の経験や決断の要約期

前段階でアイデンティティーが形成され始めてきた子どもは、12歳ぐらいまでかけて、社会の構成員の一人として、人格形成の最初の周期における〝最後の段階〟に入っていきます。

この段階の特徴は、これまでの発達の各段階でしてきた経験や決断の集大成であるということです。

今までの段階をもう一度たどり、各段階で身につけたものを「自分のもの」として確かめていくこの時期は、〈何を大事にするかに気づいて考えるとき〉です。その中で、何をするにも技術があることに気づき、そうした技術を磨いていく時期でもあります。それらがこの段階の課題です。

これから何回も周期を重ねるなかで、それぞれの段階の課題として、し残したところを補いながら成熟していくのですが、6歳から12歳のこの時期の子どもは、『自分らしい方法でそのステップを通っていきたい』と思っています。生きるための技術を身につけて自分らしい**熟練**に至りたいのです。

自分の世話が自分でできるようになることは、小さな子どもにとって「私（僕）はできる！」という体験そのものです。自分の勉強、友だちとの約束、塾に行くことなどをマネージし、服が破れていたり、靴が合わなくなったりしたことに気がついて、それをなんとかしてもらうよう親に頼む——などは、自分自身を世話する具体的な場面です。

成長の大きな節目となるこの時期、大人も一緒になって「子どもの生活を律するルール」を話し合って決めれば、子どもは「責任を果たす喜び」などの体験を積み重ね、成長の実感を得ることでしょう。

この時期、親が不在の時の電話の応対、簡単な食事の準備など、普段から大人が指導しておけばある程度できるようになる「日常生活の場面」は少なくありません。

予期せぬ事態にとっさの判断をすることも、子どもにとっては「満足を味わう体験」となります。子どもが自身の生活の中でできることをやり、家族の仕事の一端を引き受けることは、この年代の子どもにとって「大きくなった感覚」が実感できる機会です。

もちろん、この期間には失敗がつきものです。

そんなとき大人は、挫折感《ざせつかん》を味わっている子どもを支えながら、体験したものごとが失敗であったことに安心して直面できるよう、助けとなる配慮をしてください。次回、より適切な対応をするヒントとして、他のこととの関連、判断の仕方などを考える知恵を授けておくことで、失敗は子どもにとって「利益」となることでしょう。

こんなときの大人の反応は、子どもにとって大きな励ましとも、自信を失わせる場面ともなり得ます。

大人が子どもの個性を認め、〈その人らしい知恵〉が人格に積み重ねられていくように配慮された反応をすれば、子どもは方法論を身につけ、自信を持つことができます。

「**熟練**の段階」とは、それまで親がしてくれていたことを今度は自分がしてみることによって、各発達段階の能力を確かめていく修行体験のような時期と言えます。

「ペアレント（親）の自我状態」――コツを身に着け、「熟練」へ

「三つのP（許可・保護・力づけ）」について

右に述べたように、親からのこういったかかわりがうまくいくと、子どもは、生きていくために必要なコツを身につけ始めます。それは今まで世話を受ける一方だった幼児が、この時期に、自分で自分のことをする範囲を広げて生き始めたということです。「このドア、こういう風に持ち上げながらノブを回すとうまく開くよ。」というような身近な知恵を分かち合ったりして、大人の世界に仲間入りするようになります。

今まで自分の外側から世話をし、見守っていてくれていた親が中に入って自分の世話をし始めるように、自分自身が自分を育て、見守る親となる――これが人格の中の最後に形成される「**親**」の「**自我状態**」です。「**ペアレント**」とも呼ばれるこの**自我状態**は、私たちの中で「自分自身が親のような役割を果たして自立を支える部分」と定義づけることができます。

このことについてTAには「三つのP」という考え方があります。それはセラピストがクライアントに与える**許可**（permission）、**保護**（protection）、**力づけ**（empowerment）のことです。これを私たちが、普段の生活の中で、他の人とのかかわりや自分自身に生かすこともできます。

例えば、子どもが難しいことをやり遂げるのを助けるにあたり、親が自分自身の**P**（親）の**自我**

状態からC（子ども）の**自我状態**に、**許可**の形でかかわり、**保護**を与えながら、能力を発揮するのを支え、**力づけていく**——といったことです。

　何かをするように促すとき、「～をしなさい」とか「しなきゃだめ」と言う代わりに、『～をしていいのですよ』という言い方をして、本人のやる気が出てくるのを助けます。そのような言い方を「**許可**」**といっています**。そのために『頭をぶつけないようにこちらでするといいと思う』というように**保護**の感覚を添え、『困ったら声をかけてね』というように**力づけ**も与えます。

　こうして三つのPを受ける子どもは、自分らしい熟練への道を歩んでいくでしょう。誰も当人の代わりにこれをすることはできません。親はこれを子どもに向けて与えながら同時に、自分自身の**自我状態**にも**三つのP**を差し出すことになるでしょう。それは、自分自身を育てることにもなります。

周期ごとに「利他的な感覚」を深めながら

　社会人になる第一歩ともいえる第一周期のこの時期にいる子どもたちに、熟練していく満足感をたっぷり味わえるよう周囲の大人が配慮できたら……　それは望ましく幸いなことです。「利他的な感覚」が、生まれたときから赤ちゃんにも備わっていることは、すでに本書でも触れたとおりです。それに加えてこの年齢になった子どもは、利他的な大人たちの背中を目で追いながら、利他的な人間としての感覚を深めていきます。

そして周期が巡って実際の親になると、子どもを世話しながら、同時に自分を世話し、自分らしい「親らしさ」を作り出し、新しい世代を育てていけるようになります。また次第に家族以外の人の福祉に対しても、同じような注意を払い、想像力を活かして、人の痛みを自分と関係づけることができるようになっていくものです。

子どももまたこの段階で、自分らしい信条や技術を身につけていきます。いろいろの方法論を学びながら、そのよい点、不具合な点などに気づき、どちらがいいかと議論したり、試してみたりします。真似をして自分のものであるかのようにごまかす代わりに、自分でやってみて、間違ったり、失敗したり、痛みを感じたりしながら、自分らしい価値や方法を見出すのです。人を押しのけたり、関係を悪くしたり、ときには親や兄弟姉妹と口論したり……　そうした道のりを通して、ある人とは絆《きずな》を確認し、ある人とはしばらく友情を凍結したりします。

また、これまで知らなかった考え方に心を開くことによって、新しい友情が芽生える可能性もあります。

こうして子どもは、自分らしい方法論や技術、価値観を身につけていくのですが、それは自分自身の人生の中の「権威との関係」を見直していることを示しています。

権威の問題やそれとのかかわり方などを考えるとき、新約聖書のある記事が思い出されます。それはイエスが少年だったころの両親との物語です。

――ヨセフとマリアは少年イエスが12歳になったとき、当時の習慣どおり、少年を連れてエルサレムの神殿へお宮参りに行きました。親戚の人たちと一緒に、ナザレトという田舎の町から約１４０キロメートル離れた都・エルサレムに上る旅でした。ナザレトからエルサレムへの道中は山あり谷あり、決してやさしい旅ではありません。一団は数日間かけて都の神殿にたどり着き、過越しの祭りを祝います。

さて、帰る道でのことです。両親は、イエスがエルサレムに残っていることに気づきませんでした。「道連れの中にイエスがいるのだろうと思い込み、一日の旅を終えてから、親戚や知人の間を捜し回ります。しかし見つからなかったので、イエスを捜しながらエルサレムまで引き返しました。そして三日目に、イエスが神殿で、学者たちに囲まれて座り、彼らの話を聞き、また、彼らに質問しておられるのを見つけたのです。

イエスのことばを聞いていた人は皆、その賢い受け答えに驚嘆していました。両親はそんなイエスを見て驚き、母親マリアは「あなたはどうしてこんなことをしたのですか。お父様も私も心配して、あなたを捜していたのですよ」と言いました。するとイエスは両親に、「どうして私をお捜しになったのですか。私が父の家にいるのは当たり前でしょう。ご存じなかったのですか」と言われたのです。両親はイエスが言われたことばの意味がわかりませんでした。

それからイエスは両親とともにナザレに下って行き、二人に仕える暮らしを続けられます。母はこれらのことをことごとく心にとどめていました。イエスは知恵も増し背丈も伸び、ますます神と人とに愛されました。――（ルカ２―42～52）

両親はどのような気持ちで子どもを捜し歩いたでしょうか。二人が苦悶を分かち合い、支え合いながら歩いた心の道のりは、今も多くの親が通る道のりそのものだったと思われます。そして神殿で彼を見つけたときの喜びも。それなのに、イエスの答えはおおかたの想像を絶するものでした。少年イエスは親に向かって「なぜ捜したのですか」「自分の親は別の所にいる、その親に自分は属している」という意味のことを言われます。マリアとヨセフの胸にそのことばがどう響いたか、聖書には書かれていません。

そこで、考えてみましょう。少年イエスが普通の子どもとは違っていたと言えばそれまでですが、普通の子どもたちもときどき、親の想像を超えることを言い出さないでしょうか。「私はあなたの思いどおりにはならない」というメッセージを子どもが出すことがあります。それは、遅かれ早かれ到来する場面なのだと言ってよいでしょう。できるのは「すべてを心にとどめている」ことだけという「とき」の到来です。そこには、自分の中で何度も聞き返し、問い返しながら、心に穴が開いてしまうほどに苦しい日々を耐える親の姿があります。

しかし実は、この沈黙の日々、試練の日々こそが、親の心を広げ、温め、鍛《きた》えるだけでなく、子どもの魂を成長させる「時」でもあるのです。聖書の物語では、少年イエスはこの後、マリアとヨセフに連れ帰られて故郷に戻り、「二人に仕えて暮らした」と述べられています。さらに、その間「知恵も増し背丈も伸び、ますます神と人とに愛された」と付け加えられています。

子どもが「ますます愛される」ようになったのなら、この苦しみとかかわりを通して、マリアとヨセフの愛も知恵も広げられ、深まっただろうことは、想像に難くありません。イエスを見失った事件の記憶は、マリアとヨセフの**自我状態**に深く刻まれ、その後「私たちのやり方はこれでよいのでしょうか？」と神様に問いかけ続ける年月となったのではないでしょうか。

問いかける

発達段階の第二周期が巡って来るころ、青年は「問いかけられる」ことによってこの社会的次元に目覚めることがあります。その一例をご紹介しましょう。

精神科医の神谷美恵子さんが大学二年生の時、学長に呼ばれて「あなたは将来、何をもって社会のために尽くしたいと思いますか？」と問いかけられました。「この先生との問答は私の心にそういう問いを植えつけてくれた」「そしてそれがハンセン氏病と出会う最初のきっかけであった」と後年、神谷さんは書いています。それから何年もの間、彼女はこの問いに問われ続け、答えを捜し、ついにその答えを見つけました。医者となり、ハンセン氏病を病む人々に献身する道を見出したのです。

神谷さんは、学長の問いかけを契機として、気づいていなかった自分の深みに降り立ち、「自分の**親の自我状態**が子どもの自我状態に問いかけ」、時間をかけて答えを出しました。それは神谷さんの魂の願いだったのではないかと思われます。

ここで注目されるのは、「先生」と「学生」という二人それぞれの「親の自我状態」の働きです。

私も教壇に立つ者として、教え子の一人ひとりに心をかけ、その人がまだ気づいていない可能性に心を開くような問いかけができるようなかかわりをしたいと願っています。その問いかけへの答えは、問いかけられた一人ひとりの中の**親**が**子ども**に問いかけ、かかわる中から探し出すものだろうと思います。

自分の枠組みを作る

　これまでに見た各年代・各時期を通じて、子どもは親から与えられてきたルールの下で成長してきました。ルールには物事を特に考えなくても動けるように整える力があります。人に会ったら挨拶をする、ものをもらったら「ありがとう」と言う、などの礼儀作法は、いちいち考えずに実行するよい例だと言えます。それらを内面化しておくことで、社会に出てからの人とのかかわりが安定したものになるからです。

　また人のいのちにかかわる状況に遭遇《そうぐう》したとき、「真っ先にするべきこと」を判断するのは、内面化された価値観に基づいた動きです。こういった動きは、親たちが子どもの命と福祉を守ってくれたやり方がもとになっています。すなわち、その人らしい**親**の**自我状態**が形成されてきたことを物語っています。

　しかし、この第五段階にくると、子どもがルールというものに反発を感じ、「これは親のエゴだ」「古い」「意味ない」などと理屈をつけて反抗する事態も起こり始めます。

ルールがそもそも私たち人間社会を助ける枠組みであることを前提とするなら、この段階で反発する子どもたちの声をよく聴くことが大切です。

ルールが理にかなったものか理不尽なものかを分別する作業は、熟練していく人にとって必要なプロセスであり、それを大人とともに、または一人で吟味しなおすことは、子どもが自分の価値観を作り出すために大切な機会となります。

さらに思春期に入ると、権威やルールに対して反発したい情動が出てきます。そのとき子どもの反発を受けとめて、問いかけたり一緒に考えたりすることは、子どもの価値判断力、思考力、伝達能力などを育てるよい機会となります。

ときには口論になる可能性もあります。口論を避けるために話し合うのをやめるのは残念な選択です。喧嘩になっても、親が「聞くものは聞き、答えられることには答え、答えられないと判断した時にはその理由を告げて会話を終える」誠実さを示せば、子どもはその親の対応から、「一時的感情」と「永続的価値」を分けることの必要を学ぶでしょう。

子どもが、とんでもないことを「する」と言い出すことがあります。そんなとき、落ち着いて聞いてくれたり、問いかけてくれたりする人があることで、子どもは多角的な視座から内容を吟味し、それをきっかけとして自分に目覚め、考えを深めるかもしれません。こうした議論の後、したいと言ったことを、責任感をもって試してみる選択も考えられます。もし失敗したとしても、その失敗から学ぶことは意義深い体験になるでしょう。

どんなとき「親の自我状態」から行動するか

ここでひとつ銘記しておきたいことがあります。〈人はどういうときに**親**（P）の**自我状態**からものを言ったり行動したりするか〉という問題です。TAでは、「**福祉と生命の危険にかかわる時にだけ**、ここから発言したり、行動したりする」と言います。これらの問題には命がかかわってきますが、その際に〝権威をもってかかわる〟必要があることは言うまでもありません。

それを踏まえたうえで、権威やルールに関して議論する必要があるとき、対応する大人の側は子どもの人格を否定したりせず、テーマに関して真実味のあることばで論理を展開しながら、**成人の自我状態**から対応することが大切になります。ルールの内容によっては、家族の成長や社会的時代的変化に基づいて変える必要が出てくるからです。

その意味で、枠組み作りに関しては柔軟性をもってかかわることが必要でしょう。周期が再び巡ってきて、大人同士のかかわりの中で議論をするときにも、同じことが言えます。

この点からみても、**親**の**自我状態**の形成は、子どもが成長して社会人となり、実生活の面で**親**の立場に立つときのために、非常に大切であることがわかります。

また、ルールの内容が「変化・進歩する自分や社会」にそぐわないと思われる「時」が来たら、その事実にどう対応するかは、私たちすべてに与えられている問いであると思われます。そのような場面では、自分の感じる疑問や浮かんだ感情などを分かち合いながら、より人間的な価値、社会を目指して建設的に動くことを心がけたいものです。そうした要請は、私たち皆が協力して

親の**自我状態**を活性化し、子どもや社会と共に成長するよう招かれている〝時のしるし〟かもしれません。

■第五段階で育つ「熟練」を支えることば

「自分が大事だと思うことを大切にしていい」
「言いたいことを言っていい」
「あなたの権威はあなたの中にある」
「人と議論していい」
「ニーズを満たす自分らしい方法を見つけていい」
「方法は変更したいときにしていい」（勉強の仕方、友情や品位の保ち方、お金の使い方など）
「自分の弱さを受け入れていい」
「困っている人の助けであっていい」

参考文献

—Pat Crossman,〝**Permission and protection** in Transactional Analysis Journal 1966, Vol.5, NO.19,
—ジェイムズ・ヒルマン著　河合俊雄訳「**元型的心理学**」１９８３年英、１９９３年日　青土社
—神谷美恵子、新版「**人間をみつめて**」朝日選書　１９７４年

XI

発達の第六段階「再生」（第二周期を始める）

13歳～18歳

第六段階の体験と課題（13歳～18歳とその倍数の年齢の時期）　新しいスキルを獲得した時、何かを完成しようとしている時、**他に**だれかとの関係、仕事、家などに別れを告げる、社会的なグループを離れる、土地を去る時など。

課題　性的な存在としての自分を受け入れる。大人たちの仲間入りをする。物事に成功してよいことを受け入れる。自分のニード、感情、行動について自分が責任ある者であるのを自覚する。

他者との関係で　「いつでも家に帰ってきていいよ」「どこにいても愛している」と言ってもらうことが助けとなる。

成長の新たなプロセス——再体験と性的成長

最初の一周を終えたこの時期の〝特別な姿〟

13歳ぐらいになると「再生」の時期が始まります。発達段階の最初の一周を終えた子どもたちは、すでに育ち始めている性への関心をさらに深め、新しい成長のプロセスに入ります。それはこれまでの発達段階を再体験しながら、性的に成長する時期です。

この時期、子どもたちは、性に強い関心を持つようになります。そして新たに「大人になるとは、何を意味するのか」「体全体で異性に惹かれる自分とは何なのか」といった疑問や、「自分は魅力的かどうか」といった不安を抱いています。それらの〝疑問〟や〝課題〟を抱え、青年になりつつあることを意識し、戸惑いやうれしさ、甘えたい気持ちなども経験しながら、社会を構成する成人層の一員となっていきます。

「性」にはいわゆるセックスという遺伝学的・生物学的側面と、ジェンダーと言われる社会的な側面があります。ここではそれを、〈一人の人格の中で統合されていくファクター〉として捉え、性を人格全体にかかわる愛に関係する感情や、深いエネルギーとして考えていきます。

再生の時期における課題は家のリフォームに似ています。土台を確かめながら新たな形で家を建て直すような仕事だからです。リフォームのプロセスを通して性が育ち、その人らしさが確認されていくことになるでしょう。性を「善いもの」「成人となっていく自分の生き方を作り出す力」として受け入れる作業の主人公は、まわりの人々の協力があるにせよ、成長していく子ども自身です。

思春期の子どもと、見守る大人の対処法

一方、この時代には〝疾風怒濤の時代〟というイメージもあります。思春期の子どもに、このイメージはぴったりです。今まで権威者、拠《よ》り所でもあった親や先生にたてつき、自分らしさを

主張し始めるこの時期、子どもには〈岩のように変わることのない愛〉が特に必要です。

大人になることを模索しているこの時期の子どもは、押し黙ったり、急に生意気なことばや言い回しを使うようになったりします。高慢になったり、自信を失ったりする若者に、どうかかわったらよいでしょうか。

大人は不作法な彼らを受けとめ、度が過ぎるときには叱《しか》り、言いたいことには耳を傾け、共に考え、語り合い、それらの一切を通して本人を受け入れ、信じることが求められます。「ただあなたがそこにいるだけで嬉しい」「あなたは大事な人だ」という親（養育者）からのメッセージが伝わってくることは、自分の身体や心理の急激な変化からくる怒涛の中を生きようとしている若者にとって、信頼に値する支えとなります。

この時期はまた、親にとっても苦しい時期となります。そこで自分たちの手の及ばないところでも育ててくださる神（または、日本で古くから人を守ると信じられてきた「仏さま」など）に助力と導きを祈りながら試行錯誤しているうちに、子どもとの新しい関係性を見出せる日を迎える親も少なくありません。

一方、この時期を迎えた子どもは、以前とは少し違う感覚で誰かを好きになり、惹かれ、愛し始めます。そして、好きになった相手からも同じような愛を受けたい気持ちが大きくなります。思春期の子供が恋愛について大人に相談することは、あまり多くありません。「男なんか信用できない」とか「女は勝手だ」などと決めつけて、この問題に直面しないこともあり得ます。しかし本当は、愛し愛され、かかわりを持ちたいのが若者の本音です。自分がカッコイイか、魅力的かどうかが、すごく気にかかる時期なのです。

私たち大人は、顔や姿が一番の問題であるかのようなこの時期の子どもたちの〝判断基準〟に、「人間の価値は姿かたちではない。本当の魅力は『心』にある」「あなたはありのままを愛し愛されていい。その気持ちを大切にしているうちに、魅力はさらに増すものだ」と本音で伝えられるように、準備しておきましょう。

最近では対人関係の希薄化が言われますが、そんな時代だからこそ、思春期の若者にはむしろ、好きだの嫌いだのという感情に振り回される〝恋愛体験〟という道をぜひ通っておいてほしいところです。この時期の若者にとって、信じてくれている大人が傍にいることは、将来、感情を超えて人とのかかわりを続けることのできる底力となるでしょう。

好きだと思う相手から告白されたり、好きだと告白したりすることは大事な一歩、本当の愛を知るためのカギです。それは、人生の主人公として決断する力につながります。うまくいかないことを悩むのもこの時期の貴重な体験です。そんなときには、ここまで与えられてあった「大丈夫。きっとまたいい人に出会えるでしょう」「あなたは愛されている。あなたの価値は変わらない」といったことばをかけ続けましょう。存在への深い肯定は、子どもを、長い目で見るとき成功へと導きますし、敗北感を味わうことでさえも、自分が主人公として生きるための貴重な経験となります。

大人もかつてこの疾風怒涛の中を、ときには濁流に流されそうになりながら、「岩」にしがみついて生き抜いてきたではありませんか。その体験は、今まさに難しい時期を通っている若者に、知恵や活力を与える力の源泉となるに違いありません。

発達段階を通り直す

「再生」のための2大ヒント

「発達段階を通り直す」というプロセスを、**家をリフォームする過程**に重ね合わせて考えるとき、大切だと思われるポイントを以下に挙げておきましょう。

❶感情に気づく

再生の時期を迎えた子どもが、自分の感情に気づくことは、人生の主人公として舟を漕ぎ出すために櫂《かい》を持つようなものです。どんな感情であれ、波のように押し寄せてはまた引いていく感情は、その人そのものを表わしていて、感情自体には善悪も優劣もありません。

できれば気づきたくないような自分の感情も、あるがままに受け入れてみれば、ほっとするものです。受け入れることによって、そんな自分がそのままで人生の主人公であることを思い出すしるしとなるからです。そこから〝身の丈の自分〟を晒《さら》して人を愛する勇気が生まれるのではないでしょうか。

このことを、次の事例を通して考えてみます。

A「Bさんが好きだ。あなたどう思う?」

C「あんな人がいいの?」

A『ムッ…… わかってくれない。わかろうとしてもくれない』↓『いやな人だ』

嫌な気持ちをそのままにしておき、時間が経過します。すると――

A『あの人には話しても無駄だ』↓避ける↓『あの人も嫌い、自分も嫌い』

――となるかもしれません。その代わりに、この流れのどこかで、

A'(もう一人の私)『あなたは今、Cさんをいやな人だと感じているのだね』

A「そうよ。『いやだ』と感じているわ」

A'『もう少しその気持ちを感じてみて…… 〔嫌い〕と感じているのだね』

A「はい」

A'『その気持ちはあなたそのものなのだから大事にして』『Cさんに理解されなくて嫌だったんだね』『そう感じている自分を嫌いにならないでいい』

――というふうに、孤独のなかで自分らしさが芽生えて来るのを待って感情とかかわると、自分らしさがしっかりしてくるのではないでしょうか。

❷この段階で体験する問題として

性的に成熟してよいこと――つまり、人を好きになって、愛され愛するかかわりに成功してよいこと――を自然に知っていくのは、大切なことです。

人を好きだと感じ始めると、好きと認める代わりに相手の世話をしてしまったり、反対に無意識のうちにその人との出会いの機会を避けたりしてしまうことがあります。それは、性的な自分を受けとめきれていないことから生じる行動です。本意ではないのに性交渉を断わり切れないのも、相手の世話をしてしまうことの一つです。

子どもは、人間としての深みから肯定してもらうことを通じて、「自分が愛されるために相手の世話をする必要はない」ことを、自然に悟《さと》っていきます。愛は対等なかかわりだからです。いやなときに「ノー」と言えることは、対等な関係を結べるしるしとなります。

そのためには自分を信じ、相手の人格を尊重することのできるベースが必要です。親またはその代わりの人に肯定され、信じてもらうことがそのベースとなります。

「ぼくがセックスに誘ったとき、相手が『私はあなたが好きだけれど、今セックスはしたくありません』ときっぱり断ったのを聞いて、尊敬した」と言った若者がいます。私はこの二人の若い男女を、頼もしく感じました。

性欲は命にとってなくてはならないエネルギーですが、ときには人を、その瞬間、盲目にする力ともなり得ます。自分を大切にし、人を大切にする生き方を教わってきた人は、そのエネルギーの奴隷《どれい》となることなく、嵐の中でも自分らしい決断ができるように思われます。

いわゆる性的ではない愛の示し方――例えば「ハグ」――は、幼いころから慣れておくと、本当の意味での性を良いものと実感しながら生きるための基盤となり得ます。ハグはまだ日本の習慣になっているとは言えませんが、親がごく幼い頃から自然に抱きしめてストロークすることで、その子どもが大きくなって性にかかわる問題に直面するとき、自分の心を大切にした応え方をする「健全な自我」を育てることができるのではないでしょうか。

再生の時期に入って

発達段階の第一周を終えた子どもは、成長の新しい扉の前に立っています。ここまでは、自我がまだ育ち切れていない子どもの成長を、親（大人）が見守ってきました。これからは子ども自身が、与えられた自分の肉体において、新しく主人公として発達段階を通っていきます。そのプロセスにおいて、性的にも成長していくことでしょう。

そこから先、大人は、主人公であるこの思春期に入った若者を、新しい方法で愛することになります。それは、「問いには尋ねられて初めて答える」というような距離感を保ちながら、愛情をもって見守る――という愛し方です。この時期、そのように「大人扱い」をしてもらうことにより、「大人になったとき一人前の人間として社会に参加する」ための準備を整えることになるのです。

この段階を通る難しさを知る親たちは、昔からこの時期に若者の出発を祝福し、支えてきました。若者自身もこの時代の難しさ――どの時代にも難しさは体験されるものですが――の中に祝福があることを信じ、人とつながることを学びながら、船出していってほしいと思わずにはいられません。

■第六段階で始まる「再生」を支えることば

「あなた自身の性を受け入れ、大人の仲間入りをして一人前になっていい」

「大人になっても、必要な時、助けを求めていい」

「あなたは感情、行動、ニーズの主人公です」

「あなたがどこにいても、私の心の中にいます」

「あなたは愛されている」

「あなたは愛する生き方ができる」

おわりに――希望への招き

時代の動きは速く、世界は大きく変化しています。自然界では森林の荒廃《こうはい》、水不足による湖沼《こしょう》の縮小、また同時に台風などによる水害の規模の変化、海洋に浮遊する大量のプラスチックごみなどが、そうした問題のいくつかです。「世界の砂漠化や人間の心の砂漠化」という問題を取り上げながら、命を大切にするよう語りかけられるフランシスコ教皇のことばは、地球環境と共生したい私たちへの切迫した問いかけです。大切なことは私たち一人ひとりが自他を大切にする生き方を選択することに尽きると思います。

そのためには、「自他を責めたり恨《うら》んだりする代わりに、どんな人、どんなことの中にも希望への招きを見つける」こと、「何をするときも自分と相手とに真実であることを基礎的な価値とする」ことを、強く意識したいと思います。それらを自分のものとして現実を見極め、その招きに応えていく賢明さと勇気とが求められているのではないでしょうか。

今、私も、必ず良くしてくださる方―神さま―を信頼しながら、発達段階の何周期目かの新しい出発点に立っているのを感じます。「育つ・育てる」という視点から、一人の人が育つのには時間がかかるということを、あらためて思わずにはいられません。私自身も長い時間をかけてここまで育てていただきました。そしていろいろなことに目覚めるにつれ、人はそれぞれが違う人格であり、しかも対等な存在であると確信を新たにしています。それを感謝と愛の心で受け止めていきたいと願っています。

本を書くという、私には絶対できないと思っていたことに挑戦することができたのも、愛され信じられたからだと確信いたします。感謝する機会の多かったこの経験は、他の何にも代えられない宝です。

ここで、この本を書くことを支えてくださった方々に心からの感謝を申し上げたいと思います。

はじめに、共に生きた時間は短くても、懐かしい思い出を残してくれた両親、生きている間ずっと親の代わりとして私を支えてくれた祖父母と兄弟、親戚の一人ひとりの方々に。

優れた理論家であり、セラピストであった故オズ・サマートン神父とパール・ドレゴ博士に。お二人は、私にＴＡを教え、癒し、養成してくださいました。

翻訳家、矢倉尚子様は、この本に取り掛かる前の段階から親身にかかわり、最後まで多くの時間を割いて貴重な助言をくださいました。矢倉さんのアドバイスを通して何をどう提示するかを示していただかなかったら、この本を書くことはできなかったと思います。

ＴＡをご一緒に学ぶ安西尚子様は、お忙しいお仕事の傍ら、この本のいろいろの要素を全体構想へと系統立ててくださいました。

日本ＴＡ協会の元会長、小川邦治氏、ならびに医学博士・島田涼子様には、ＴＡの理論的、養育および教育のご経験の視点から、何度も貴重なアドバイスをいただきました。

鷲尾徹太氏、平野麻衣子様は最初の時点から、唐澤秩子様は途中から、どんな本にしたらよいかを親身に考えてくださいました。

澤田朋子様は、多くの時間とエネルギーを注いで読んでくださり、一緒に考え、新しい視点を繰り広げて、問いかけてくださいました。

森一弘司教様、稲川圭三神父様、浄土宗栄立院の福西賢雄方丈様、木村恵美子様、故・兼松益子シスター、「ＴＡと霊性を深める会」のメンバーの方々、特に初期の頃のメンバーの方々。なかでも、安斎百合子シスター、落合良仁様、同純子様、木島薫様は、私が本を書くことをスタートできるように助け、その後も励まし続けてくださいました。

出版に至る最後の段階で親身にかかわってお助けくださった佐々木宏人ご夫妻様、そして佐々木様を通してご紹介いただきいろいろお計らいくださったフリープレス社の山内継祐様にも心より感謝いたします。

幼い頃から現在まで、頼りない私を信じ励まし、育ててくださった恩師の方々、心温まる励ましとお祈りの支えをくださった数多くの卒業生の皆様に、あらためて感謝いたします。

特にこれまで長い年月苦楽を分かちあい、私の言いたいことを汲み取り、ともに考え、悩み、それを読みやすい文章にするのを助けてくださった中根久美子様、忍耐強く助けてくださったご次男の知彦様はじめご家族の皆様からいただいたお力添えに深く感謝しております。

そして聖心会として、また共に生きる家族として、惜しむことなく励ましと支えをくださった管区長やシスターたちに感謝いたします。

最後に幼い子どもたちを育てることに心身を捧げておられる方々、この本を手に取ってくださった皆様に、心から感謝いたします。

2020年　春

嶋本　操

参考文献表

17. 佐々木正美著「**子どもへのまなざし**」 初 1998 年　第 26 版 2002 年　福音館書店

18. 河合隼雄著「**日本人の心のゆくえ**」 初 1998 年　第 8 刷　2001 年　岩波書店

19. バーバラ・ベクネル著　大滝玲子訳　「**人間の成長と発達**」1993 年　女子パウロ会

20. 前原武子編「**発達支援のための生涯発達心理学**」2008 年　ナカニシヤ出版

21. ヘレナ・ハガーテンとシャーロット・シルズ著　深沢道子監訳「**交流分析—心理療法における関係性の視点**」2002 年　日本評論社

22. アリソン・コプニック　青木　玲訳　「**哲学する赤ちゃん**」2009E　2010 日　亜希書房

23. V.E. フランクル　山田邦男、松田美佳 (訳)「**それでも人生にイエスと言う**」(初刷 1993 年) 第 39 刷 2006 年　春秋社

24. ヴィクトール・フランクル講演会「**意味と目的をめざす斗争—国際的挑戦**」昭 44 年　国債関係委員会

25. トーマス・J・ヴァイス著　高橋明男訳「**魂の保護を求める子どもたち**」1993 年 ルドルフ・シュタイナー研究所　水声社

26. ジェイムズ・ヒルマン著　川井俊雄約「**元型的心理学**」1993 年　青土社

27. Denis Edwards [**Ecology at the Heart of Faith**] 2006、Orbis Books, Maryknoll, New York

28. John O'Donohue: **"To Bless the Space Between Us — A Book of Blessings"** 2008、Doubleday,　USA

29. 神谷美恵子著　「**人間をみつめて**」〈新版〉1976 年　朝日新聞社

30. 中野晃一著「**3.11 を心に刻んで**」岩波書店編集部編、 岩波ブックレット No.894、2015 年 3 月 5 日

31. 中野信子「**脳科学からみた祈り**」(初) 2011 年、第 25 刷) 2016 年　潮出版社

32. Henri J.M. Nouwen " **The Dance of Life-Weaving Sorrows and Blessings into One Joyful Step**"2005,ave maria press, Notre Dame, Indiana USA

参考文献表

1. 共同訳聖書実行委員会著　「**聖書　新共同訳　—　旧約聖書続編つき**」1988年　日本聖書協会発行
2. エリック・バーン著　南　博訳「**人生ゲーム入門**」英初 1964 年　日訳初 1967 年　改 5 版 1982 年　河出書房新社
3. Eric Berne,MD.“**Beyond Games and Scripts — Selections from his Major Writings**” 3rd.printing1979, Ballantine Books, New York
4. **Transactional Analysus Bulletin- Selected Articles from Volumes 1 through 9**, International Transactional Analysis Association, 1976 TA Press
5. イアン・スチュアート、ヴァン・ジョインズ共著　深沢道子監訳「**TA TODAY**」最新・交流分析入門　（原英 1989 年）日訳　1991 年　実務教育出版
6. Pamela Levin: [**Becoming the Way We Are-An Introduction to Personal Development in Recovery and in Life**], 3rd. Ed., 1988 Health Communications, Inc. USA
7. Pamela Levin, “**Cycles of Power: A User’s Guide To The Seven Seasons Of Life**” 2001, Nourishing Company, Ukiah USA
8. 深沢道子監修　門本泉編集　「**TA ベイシックス**」 2003 年　日本 TA 協会
9. 島田涼子著　「**精神分析・交流分析**」 2000 年　人間総合科学大学
10. 筒井末春監修　島田涼子著「**ケースに学ぶ心理学—交流分析のサイコセラピー**」2016 年　新興医学出版社
11. トニー・ティルニー著　深沢道子監訳　「**交流分析事典**」（原英 1998 年）日訳 2013 年　実務教育出版
12. O.Summerton,“**Becoming OK — Transactional Analysis Basic Concepts**”1994、Alfreruby Publishers : India
13. O.Summerton,“**TA Winners — Review of Eric Burne Memorial Scientific Awards**”1988
14. Pearl Drego,“**Towards the Illumined Child- an Indian Study of Ego States**”1979 The Grail
15. Jean Illsley Clarke「**Self-Esteem — A Family Affair**」by 1978 Harper & Row Publishers,NewYork
16. Terry D.Keepers,Ph.D. Dorothy E. Babcock, RN., M.S.「**Raising Kids O.K- Human Growth & Development Throughout the Life Span**(2nd. Ed.)」1986, Menalto Press, USA

【著者の横顔】嶋本　操（しまもと　みさお）

聖心会会員。1933 年、横須賀市に生まれる。

聖心女子大学英文科卒業、オックスフォード大学神学部卒業。

小林聖心女子学院副校長、不二聖心女子学院校長、聖心女子大学講師を経て、

TA と霊性を深める会代表。セラピスト。

<主な論文・著作>

「イエズスの弟子たちと神の子ら――ルカ 10:17-24 と 11:1-13 の考察」（『宗教と文化』1983 年 5 月）聖心女子大学キリスト教文化研究所

「日本の霊性と修道生活」（『Missionary Bulletin』1984 年 12 月）オリエンス宗教研究所

「もう一つの選択」（『世紀』1993 年 5 月）上智大学

「子離れ、親離れ――ルカ福音書を基にして」（『家庭の友』1993 年 3 月）サンパウロ

『今日のパン、明日の糧ー暮らしにいのちを吹き込む 366 のことば』ヘンリ・ナウエン著　嶋本操 監修 (聖公会出版 2001 年、日本キリスト教団出版局 2019 年復刊）

子どもの「心」をつくる育て方　　定価（本体価格 1,200 円＋税）

発行日　2020 年 6 月 15 日（初版）

著　者　嶋本　操　©Misao Shimamoto 2020

編集者　諸田遼平

発行者　山内継祐

発行所　(株)フリープレス

〒 355-0065 埼玉県東松山市岩殿 1103-51

☎ 049-298-8341　Fax 049-298-8342

e-mail　info@freepress.co.jp

印刷所　モリモト印刷（株）

販売所　株式会社 星雲社（共同出版社・流通責任出版社）

ISBN978-4-434-27673-6 C1011 ¥1200E

乱丁・落丁は発行所にてお取り替えいたします。

好評既刊 ■竹下節子が描く究極の死生観

「死後の先にある人生」の生き方をもう決めていますか？

【主要目次より】

キリスト教文化圏とあの世、死の先にある生を楽しむ、地域文化別・ヨーロッパ人の生命観、二つの次元、二つのいのち、死後の世界との付き合い方、「良き死」をどう生きるか、スターティング・ノート作りの勧め、結語は「自由他在」にしよう――ほか

定価（本体 1500 円＋税）

㈱フリープレス

〒355-0065 埼玉県東松山市岩殿 1103-51　☎049-298-8341　info@freepress.co.jp